ナゾの終着駅

鼠入昌史

JN215067

文春新書

1488

はじめに

日本には、だいたい9000ほどの駅があるという。東京駅や新宿駅のような巨大なターミナルから、1日に数人しか使わないような小さな無人駅まで、その規模や性質はさまざまだ。駅前風景だって、駅によってまったく違っている。9000以上の駅は、ひとつひとつまったく違う個性を持っているのだ。

そんな中にあって、ただひとつ絶対的に共通していることがある。

それは、どの駅も大なり小なり「町」を抱えているということだ。

駅がそこにあるからには、その駅を使う人がいて、その人が暮らしている家があったり、働いている職場があったり、また食べたり飲んだり買い物をしたりする商業施設があったり。駅が先か、町が先かなどという話をはじめるとキリがないのでやめておくが、どの駅・町だって、駅と町が相互に影響を及ぼし合いながら歴史を刻み、いまの姿形になっている。

見知らぬ遠くの駅にやってきて、その町を少しだけ歩く。そのときに見る風景と感じる情景は、これまでの歴史をすべて含んで飲み込んで移り変わってきた〝いま〟そのものといっていい。だから、鉄道という観点だけではなく、町と駅とがどのように関わっているのかを考えながら、駅と町を歩くことにしている。そうすると、きっと何か発見があるに違いない、と思っているのだ。

……などと、いささか大仰な話をしてしまったけれど、とにかく本書のテーマは終着駅だ。文春オンラインに寄稿している「ナゾの駅」シリーズから、何らかの形で列車の〝終点〟になっている駅を取りあげた。

終着駅というと、線路が途切れるどん突きの駅をイメージする向きも少なくないと思う。が、本書のいう〝終着駅〟は、そういう意味の終着駅だけでなく、多くの列車がその駅を終点としている、つまり「●●行き」の列車が多い駅という観点からもピックアップしている。ありていにいえば、通勤電車の行き先の駅、というわけだ。

ふだん、通勤電車の終点に行くことはめったにない。たとえば中央線に乗って気がつけば大月駅へ、などという事態が起きたら、それは悲劇以外ではほとんど考えにくいできごとだ。だから、そうした駅はしばしばナゾの駅として扱われ、面白おかしく取りあげられる（本書もそのひとつです、すみません）。

でも、そうした駅だって、ちゃんと町を持っている。ただの悲劇の駅として片付けられるものではない人々の営みがある。本書では悲劇の駅として終わらせるのではなく、できる限りそうした営みの歴史にもアプローチしようと試みた。それが充分かどうかは読者諸兄の判断に委ねるけれど、少なくとも駅からはじまるちょっとした旅の物語、とても思いながら読んでいただければ幸いである。

そして。もしも本書を読むだけでは満足できず、実際に行ってみたいと思ったら。また、本当に悲劇に見舞われてたどり着いてしまったら。そういうときは、駅前で呆然として終わるのではなくて、少し駅の周りをうろついてみるといい。飲食店探しもいいけれど、路地裏にもその町の歴史が潜んでいたりするものだ。

それを見つけ、疑問があれば町の人に尋ねたり、また帰って調べてみたり。そうすれば、通勤電車に乗るときにちらりと目にするだけの行き先の駅の名も、多少は違って見えてくる。そうなったとき、きっと人生はほんの少しだけ豊かになる……かもしれない。

目次

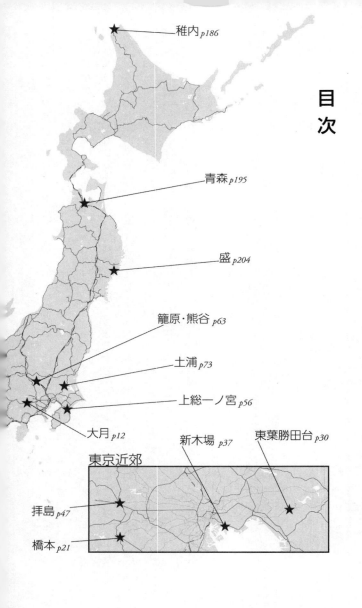

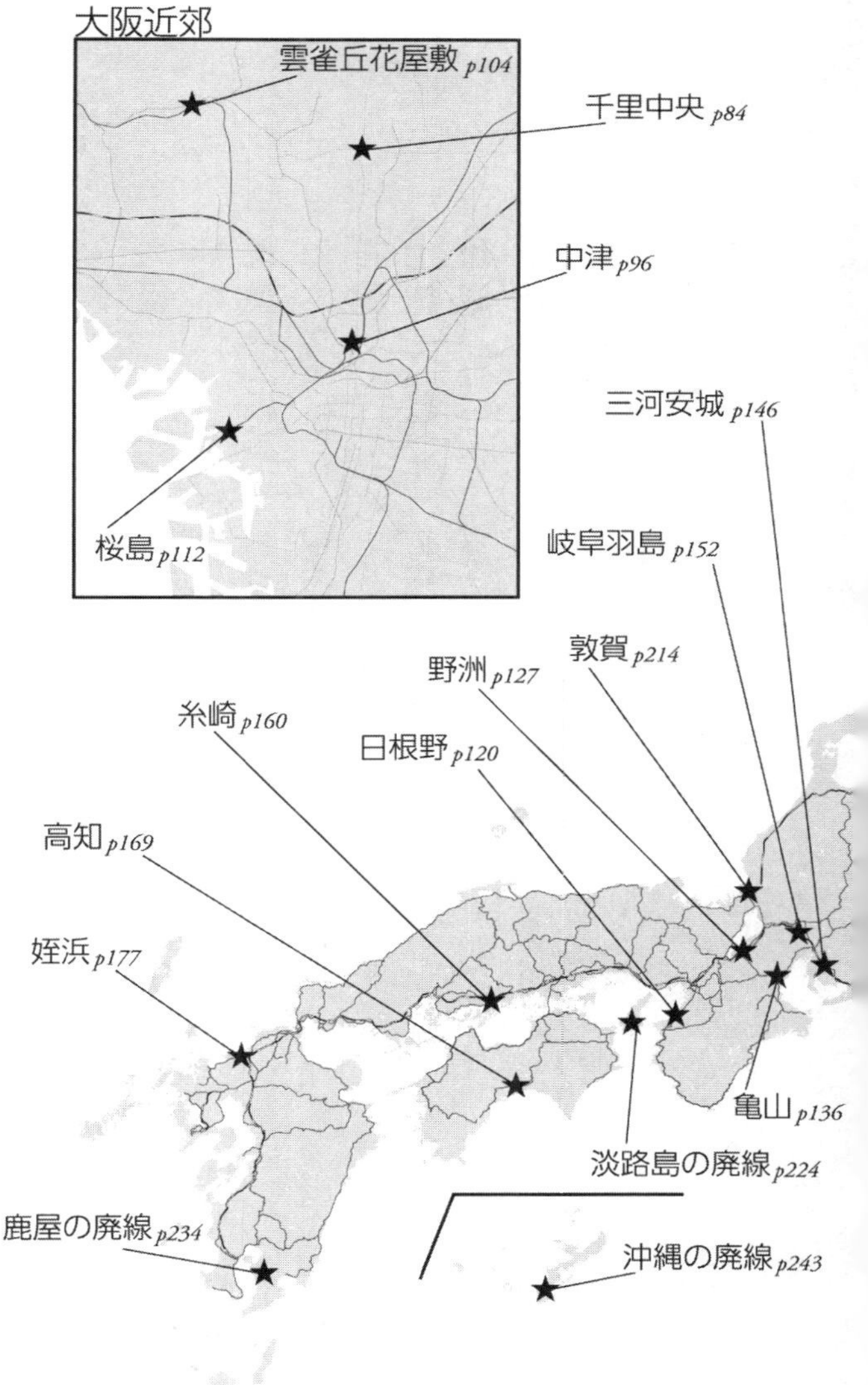

大阪近郊
雲雀丘花屋敷 p104
千里中央 p84
中津 p96
桜島 p112
三河安城 p146
岐阜羽島 p152
敦賀 p214
野洲 p127
糸崎 p160
日根野 p120
高知 p169
姪浜 p177
亀山 p136
淡路島の廃線 p224
鹿屋の廃線 p234
沖縄の廃線 p243

第1章
首都圏の「ナゾの終着駅」

大月
橋本
東葉勝田台
新木場
拝島
上総一ノ宮
籠原
土浦

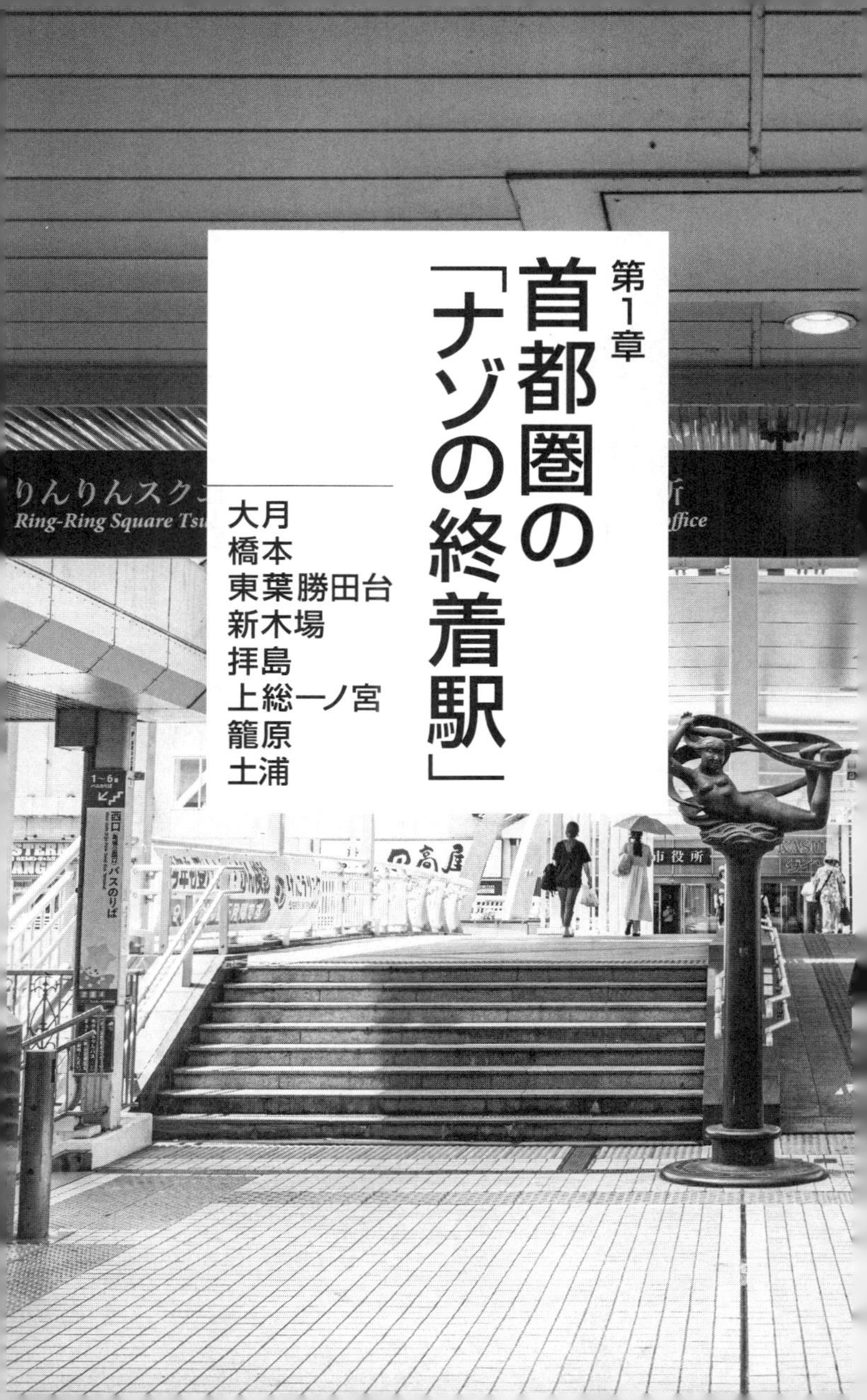

――大月　深夜、終点まで行ってしまったら……

東京駅からまっすぐ西に向かって駆けてゆくJR中央線。ことさら説明するまでもなかろう。ラッシュ時には途方もないほどの混雑を見せる、日本屈指の通勤路線だ。

電車が混めば混むほどに、お客は座席を渇望する。だから、これまでも中央ライナーやその後継の特急「はちおうじ」「おうめ」が走り、通勤客たちの「何が何でも座りたい」という欲望に応えてきた。そして2025年の春、ついに有料のグリーン車がお目見えした。着席ニーズの高まりに対してサービスの向上を……などというお題目はともかくとして、とにかく中央線ユーザーは座りたいのである。通勤時間帯のグリーン車、きっと座席争奪戦になるに違いない。

着席ユーザーに迫る〝悲劇〟

ところが、である。幾万のライバルとの争いを勝ち抜いてグリーン車の座席を確保しても、安心するのはまだ早い。中央線には、世にも恐ろしい電車が走っているのだ。それは、中央特快大月行き。別に特快でなくてもよくて、大事なのは〝大月行き〟である。

仕事帰り、グリーン車の座席に腰を沈め、缶ビールなどを開ければ疲れた体に染み渡り、気がついたときには夢の中。普通のロングシートの電車の中なら、周囲のお客が駅に着くたびに右往左往するから、よほど深く眠っていない限りはどこかで目が覚める。でも、それが快眠促進、リクライニング付きのグリーン車ならば……。

中央線を使う通勤客は、いくら乗っても30分から1時間程度。疲れ＋お酒＋寝不足＋グリーン車の合わせ技を食らったら、ひとたまりもない。そして結局、目が覚めたときには降りるべき駅などとっくに通り過ぎてしまい、車窓は闇に包まれた甲州路の山の中。最初は満席だったグリーン車もガラガラで、車掌さんが「終点の大月です」などとのんきに喋っている。はて、大月とはいったい……。

ごらんのように、大月駅はげに恐ろしき終着駅なのである。

“悲劇”に備えるため昼間の大月駅へ行ってみる

そういうわけで、あらかじめ大月駅に行っておくことにした。何ごとも、備えが大事である。いきなり夜の大月駅に放り出されたら途方に暮れる。けれど、事前にどんな駅なのかがわかっていれば、いくらかは冷静さを保つことができるに違いない。もちろん、訪れたのは夜ではなく昼の大月駅である。

最初から大月駅が目的地なら、大月行きの電車に乗っても寝過ごしを心配する必要はない。快調に走って立川や八王子を過ぎ、高尾駅。高尾を出ると、中央線は小仏峠を抜ける長いトンネルに入る。そのトンネルの途中で東京都から神奈川県へ。トンネルを抜けるとそこは雪国……ではないが、それでも東京都内の車窓とは一変した山の中。

で、そろそろ駅かなあと思いながら山々を眺めていても、一向に次の相模湖駅に着かない。この駅間、所要時間は実に9分。中央線・篠ノ井線で高尾から松本まで鈍行列車に乗ったとしても、最も駅間所要時間が長いのがこの高尾〜相模湖間だ。ここで沿線風景も大きく変わるわけで、同じ中央線に乗っているのにまるで別世界に来たような感覚になる。都会を走る通勤路線から山間を縫って走る山岳路線へ。小仏峠のトンネルは、さしずめ『千と千尋の神隠し』に出てくる神々の世界に通じるトンネルのようなものか。まあ、中央線には湯婆婆もカオナシも出てこないけれど。

そうして中央線は山の中を盛んにカーブを繰り返しながら走ってゆく。相模湖駅を出たらすぐに神奈川県から山梨県に入って、あとは桂川（相模川上流）に沿っていくつかのトンネルを抜けながらますます山を登る。途中、四方津《しおつ》駅のあたりなどは山の中腹に大きなニュータウンがあって、ここから東京都心へ通勤する人も多いようだ。

そうこうしているうちに、ようやく電車は終点の大月駅に到着する。東京駅から大月駅までは、ざっと2時間弱の旅であった。

ホームにはバックパック姿の一団が

大月駅のホームには、たくさんの外国人の姿があった。大きなバックパックを背負っている、本格的な皆々様。もちろん彼らのお目当ては、終着駅としての大月駅などではなくて、富士山だ。

この駅で中央線から分かれている富士急行線に乗り継げば、そのまま富士山の麓の河口湖駅まで連れていってくれる。そこからバスか何かにさらに乗り継ぐと富士山の五合目まで通じている。だから、大月駅は事実上の富士登山の玄関口といっていい。いまや富士山、日本人だけでなく外国人にも大人気。そんな彼らが集う大月駅、というわけだ。

ちなみに、富士急行線は現在では富士山麓電気鉄道の富士急行線というちょっぴりややこしいことになっている。富士急行が２０２２年4月に鉄道事業を分社化して、現在の形になった。だから、正確を期すならば「大月駅で富士山麓電気鉄道に乗り換えて……」などとなるのだが、まあややこしいので「富士急に乗り換えて」でも充分に間に合っている。ともあれ、大月の町は中央線から富士急への乗り換えのターミナル。だから、外国人観光客に限らず、多くの人が大月駅を〝素通り〟してゆく。

眺めていれば、改札を抜けて駅舎の外に出る人の姿はとんと見当たらない。登山好きという編集氏に聞けば、「大月には馴染みがありますね。まあ、すぐ富士急に乗り換えるから駅の外に出たことはないんですけど」。

富士山だけでなく、富士急沿線には富士急ハイランドもある。ド・ドンパやら戦慄迷宮やら。でも、私の目的は富士山でも迷宮でもなく、大月駅そのものだ。なので、行楽客の浮かれ気分を横目に改札口を出ていよいよ大月駅の駅前に降り立った。

夜中に乗り過ごして来る人、やっぱりたまにいたらしい

さて大月駅前、どんなところなのか。ひとことで言えば、まわりを山に囲まれた小さな町である。

駅前には小洒落たレストランもあるし、甲州名物信玄餅も売っている。が、駅前ロータリーからまっすぐ伸びる目抜き通りの先はすぐに山がそびえているし、駅の裏側にも切り

立つ絶壁が印象的な山が見える（この山は岩殿山といって、戦国時代には武田氏滅亡を招く裏切りを働いた小山田信茂の居城があったらしい）。

駅前広場の脇からは、中央線の線路と桂川に並行するようにして旧甲州街道が通っている。大月駅周辺には大月宿が置かれていたようだ。現在の大月市内には中央線の駅が６つもある。ほぼすべてが山間部の駅だ。そして、かつての甲州街道も、現在の大月市内に12の宿場があったという。険しい険しい甲州路の山の中。江戸と甲州を行き来する人たちは、山の中の宿場で休息を取りながら、甲府盆地を目指したのだろう。

駅舎は山小屋を思わせる丸太造りの平屋建て。１９２８年に建てられた古いものだとか。ただ、周囲を山に囲まれているおかげで平屋の駅舎はずいぶんと小さく感じられる。片隅に立ち食いそば店があって、ご当地そばでも食べられるのかと思って見たら、東京都内の駅にもあるチェーン店だった。

中央線に乗ってきた人はほとんど富士急に乗り換えてしまったから、駅前を歩く人はだいぶ少ない。客待ちをしていたタクシーが止まっていたので、運転手さんに聞いてみた。

「昔はね、たまに乗り過ごしてくる人もいたみたいだけど、コロナから先、遅い時間まで飲む人も減ったでしょう。それに、ほら」

そう言って、指さしてくれた向こうには、はい、ありました。でっかいでっかい東横イン。駅のすぐ裏側に、ビジネスホテルの東横インが建っている。2022年の春にオープンしたらしいから、だいぶ歴史は浅い。乗り過ごしてくる人たちのため……というよりは、富士山目当ての観光客のためなのだろう。

以前大月駅に訪れたときにはまだ存在しなかった東横イン。だから夜の大月駅前など想像するだけで恐ろしかった。しかし、東横インがあるなら事情は変わる。まるで中央線のグリーン車導入を見越したかのような、まるで神様のような。まあ、空室があるかどうかはそのとき次第の運まかせ、なのですが。

バスでも素通りされがち。でも知名度はバツグン

と、そうしているうちに駅前のバス乗り場に1台のバスがやってきた。行き先は「県立リニア見学センター」。大月駅から少し南に行ったところには、現在建設中のリニア中央新幹線の実験線があり、走行試験の様子を見られる見学センターも併設されているのだ。

歩いていける距離ではなく、駅前から見学センターまでバスが出ている。そのバスに2組くらいの親子連れが乗り込んでいった。このあたりの観光スポットとして定着している

山小屋風の大月駅の駅舎を見下ろす東横イン

スーツケースとザックが交錯する、河口湖方向への接続駅でもある

のだろう。ちなみにリニアが開通しても大月付近に駅ができる予定はない。

結局、1時間くらい大月駅の周りをうろうろしていたが、駅が賑わうのは中央線の特急や富士急の電車が到着したときくらいのもの。それも駅の外では賑やかな声が漏れ聞こえるくらいで、大半がそそくさと乗り換えて大月を後にする。

今では新宿から河口湖方面への高速バスが盛んに出ていて、中央線と富士急を乗り継いで来る人もだいぶ少なくなったという。中央線にしても似たようなもので、新宿駅から河口湖駅までを直通する特急「富士回遊」が走っている。大月駅は、素通りされる終着駅、という趣が強くなっていることは間違いない。

それでも、観光客が通り過ぎるということは、まったく誰も来ないよりはマシ。大月の町でも、なんとか寄り道をしてもらおうとあれこれ考えているようだ。すぐに日の目を見るほど世の中甘くはないけれど、富士観光の通り道、そして恐怖の終着駅としてその名は広く知られている。その知名度を活かさない手はない、といったところだろうか。

さて、大月駅からの帰り道、せっかくなので信玄餅を買って帰ろう。ときにきな粉がむせるけど、大好物である。と、まとめて買って家の最寄り駅まで帰ってきたら、駅の中のコンビニでも信玄餅を売っていた。いやはや、手広いようで。

――橋本　リニアの来る駅には何がある？

味の素スタジアムや東京競馬場、そして高尾山に向かうときに乗る電車・京王線。首都圏を代表する郊外私鉄、通勤路線のひとつだ。

ターミナルは天下の新宿駅。10分に1本は特急が走り、行き先は京王八王子駅か、高尾山口駅か。そしてもうひとつ、橋本行きという電車も走っている。調布駅で京王線と分かれる京王相模原線の終点だ。

九段下から乗ったあの電車も……？

橋本行きは、京王線の専売特許ではない。京王線と直通運転をしている都営地下鉄新宿線。こちらは主に京王線内では相模原線直通が中心だ。その結果、都営新宿線の終点が「橋本行き」になるケースが多くなっている。だから、京王線ユーザーのみならず、都営新宿線ユーザーにとっても、橋本駅はナゾの駅。一人涙を浮かべて九段下の駅から乗った電車も、もしかしたら橋本行きだったかもしれない。

というわけで、新宿駅から京王線の特急に乗り込んで橋本駅に向かった。

相模原線は京王多摩川駅と京王稲田堤駅の間で多摩川を渡り、某紳士球団の練習場があるよみうりランド、サンリオピューロランドでおなじみ多摩センター、東京都立大学改め首都大学東京改め東京都立大学最寄りの南大沢などを通ってゆく。起伏に富んだ多摩丘陵を切り開いて造成された多摩ニュータウンのための通勤路線だ。

新宿駅からは約40分、調布駅からだと約20分くらい電車に乗っていると車窓が開け、遠くに丹沢山地の山並みが見えてくると終点の橋本駅だ。

橋本駅はJR横浜線・相模線も乗り入れている相模原市きってのターミナル。京王線のホームはJR線を見下ろすような高い位置にある。どこかで見たことがあると思ったら、高尾駅もそうだった。高いところからJR線を見下ろす私鉄のホーム。さぞかし気分がよろしかろう……。

ただ、鉄道は後から建設された路線が高いところを通るのが慣わし。京王線がJR線を見下ろしているからといって、別に偉いわけでもないのであしからず。

京王線の改札口を抜けた先に続く通路は商業施設になっている。京王線のあちこちの駅で見かける啓文堂書店やドトールコーヒーなどを横目に通路を歩くと、「JR線乗り換え」の案内が目についた。この通路を左に曲がって行けば、JR線の改札口が待っている。

人波を泳いで乗り換えに要する時間はだいたい5分ほど。実際にはもうちょっと余裕を見ていたほうが良さそうだ。

リニアが来る町の「かつてそこにあった伝統校」

さて、そんな橋本駅の外に出てみよう。まずは京王線の改札口に近い南口。高架ホームが3階部分で、コンコースや改札口は地上2階。その2階から駅前の通りを渡る歩道橋に直接つながっているようだ。そこからあたりの様子を見てみると……。

高架に沿った通りの一角にはバスやタクシーのロータリー。その通りを挟んだ向こう側は工事の仮囲い。高々と土が積まれているようで、工事用車両が出入りしているのは確認できるが、中でどんな工事が行われているのかはよくわからない。わからないが、近い将来ここに何ができるのかはわかっている。そう、リニアの駅である。

品川を起点に名古屋（そしてゆくゆくは大阪）を目指すリニア中央新幹線は、なぜか橋本を通る。山梨にあるリニア実験線と接続しつつ、山の中を貫いておおよそ直線的に名古屋を目指すことになっているからだ。そして、途中駅のひとつとして橋本に駅が置かれることが決まっている。工事の仮囲いには「リニアのある世界」などというイラストがあしらわれていて、いまかいまかと完成を待っているようだ。

しかし、いくら首都圏の外れの橋本とはいえ、駅前の一等地によくこれだけの空き地があったものだ……。

この空き地のナゾ、少し古い地図を見ればすぐに答えがわかる。

もともと駅のすぐ南側には神奈川県立相原高等学校があった。1923年に神奈川県立農蚕学校として開校した伝統校だ。近代以降、このあたりでは養蚕が盛んだったから、その流れで設けられた学校なのだろう。農業系の学校ということもあって、かなり広い敷地を有していたらしい。

そんな伝統校だったが、ややあやあリニアがやってくる、となって移転することになった。2019年、ほんの少し前のことである。そんなわけで、少し殺風景にも見える橋本駅南口の駅前では、天下の大事業・リニアの工事が進行中。きっと、リニアが開通するころには劇的に生まれ変わることになるのだろう。

工事現場の遠く先には商業施設のアリオなどが見える。もともとは日本金属工業の工場があった場所で、その他にも国鉄橋本工場などいくつもの工場が建ち並んでいた。今でも三菱電機や大和製罐、山村硝子などの工場が現役稼働中だ。横浜線と相模線というふたつの元国鉄路線があって、貨物輸送にもうってつけの場所だったのだろう。

リニアの橋本駅が開業すれば、それにあわせて再開発も進んでいくのかな……。そう思いながら振り返ってみると、橋本駅の向こう側（北側）には高層マンションがいくつも建っているのが見えた。橋本にリニアがやってくるという期待の象徴なのだろうか。

町のはじまりは「生糸の輸送」から

橋本駅北側は、大きくも立派なペデストリアンデッキが広がっている。デッキと直結しているのはイオン、そしてミウィ橋本という複合施設。ビルの中には相模原市立橋本図書館が入っていて、ほかには駅ビルでよく見かけるような無印良品などのテナントもあるようだ。こういったデッキを取り囲むビルがあまりに立派なので、駅舎がずいぶん小さく見えてしまう。

歴史的に見ると、橋本駅一帯の本来の中心はデッキのあるJR側、北側だった。駅としても京王線より北に位置する横浜線・相模線のほうがはるかに古い。横浜線は1908年、当時私鉄の横浜鉄道として開通し、同時に橋本駅も開業した。当時は相模鉄道、現在の相模線が乗り入れたのは1931年のことだ。

駅開業以前の橋本の集落は、少し駅からは離れた国道16号沿い。神奈川往還とも呼ばれ、八王子から相模原で生産された生糸を横浜へ輸送する道筋だった。橋本の集落は国道16号沿いからはじまったのだ。

街道沿いの集落にはじまり、少し離れたところに駅ができるとそちらに町の中心が移るというパターンは全国各地でよくあるケース。橋本も例にもれず、開業時はあたり一面桑畑だったところに少しずつ町ができていった。

古い地図や航空写真を時代を追ってみていくとその様子がよくわかる。駅周辺の発展は旧来の集落があった北側中心で進み、線路を挟んだ南側の開発はだいぶ遅れている。そんな場所に、特に早い段階で生まれたのが、リニア橋本駅につながる相原高等学校だった。その後、いくつも工場ができて南側も発展。そして、１９９０年に京王相模原線が開通したのである。

京王相模原線の開業は、商業地、また工業地帯として形を整えつつあった橋本のターミナルとしての性質を一変させた。京王相模原線乗り入れから1年後、１９９１年には都営新宿線との直通運転がスタートする。これによって、新宿はもとより山手線の真ん中の都心部までも、橋本駅から乗り換えナシで出られるようになったのだ。

周りと対照的にずいぶん小さく見える駅舎

一帯の「シルクロード」として機能し栄えた駅の北側エリア

それまでの橋本は、八王子か横浜か、他には長津田や町田などから他線路に乗り換えて都心に向かわねばならなかった。それが都心へ一直線に。その効果は大きく、橋本駅周辺は一層の発展をみることになる。JR東日本（つまり横浜線・相模線）の1日あたりの乗車人員は今世紀に入ってから約1万2000人も増加。発展の凄まじさを物語っている。

100年以上の古い歴史を持つ駅にリニアが（いつか）やってくる

開業以来、橋本駅の発展を支えてきた北口側も歩いてみよう。

京王相模原線の途中駅は1970年代以降のニュータウンだが、橋本駅にはそれ以前からの古い歴史がある。だからなのかどうなのか、ペデストリアンデッキを取り囲む商業ビルの裏には、ちょっと歴史を感じる古びた雑居ビルが建ち並び、チェーンの居酒屋と地場の飲食店、やっているのかどうかもわからないようなスナックなどが入り混じって軒を連ねる。

駐車場がやたらと目立つのはこうした郊外のターミナル駅前によくある特徴のひとつだ。道路も碁盤の目のように整備されているわけではなく、入り組んだ小さな路地も少なくない。整然と整備された新しい町も嫌いではないが、こうした〝日本の郊外の駅前〟が凝縮されたような雑多感、個人的には好きである。

雑居ビルと駐車場の間を抜けて少し歩くと住宅地メインのゾーンへ。こちらも比較的新しそうなマンションと古い住宅が肩を並べていて、橋本が現在進行形で変化していることがよくわかる。リニアの橋本駅は、そうした橋本の歩みのいわば集大成なのだろう。

そんな待ちわびるリニアですが、いろいろあって開業は当初予定していた２０２７年から先延ばし。早くても２０３４年以降になるという。リニアの開業を見越して橋本のマンションを買った、なんて方々がもしもいるとするならば、いやはやなんとやら。少なくとも、自分の力でどうにもならないものに人生を託すのはやめておいたほうがいいのでは、ということを若輩ながら申し上げておきたい。

——東葉勝田台　駅名に〝台〟がつく理由は団地だから？

いわゆる多摩地区と呼ばれる東京の西部、中でも中央線の沿線で暮らしていると、都心に出るときに三鷹駅や中野駅から地下鉄東西線を使うことがある。この東西線、九段下や大手町、日本橋などを通って都心を貫き、最終的には千葉県に飛び出て西船橋駅までを結んでいる路線だ。うまくすれば朝の混雑している時間帯であっても、三鷹駅から始発の東西線に乗ることで座って都心に直通できる。だから東西線を愛用している中央線ユーザー（もはや意味がわからなくなっていますが）、けっこう多いのではないか。

そして、この東西線に乗ると決まって目にする耳にするのが、「東葉勝田台」である。東西線は終点の西船橋駅からそのまま東葉高速線に直通しており、その終点が東葉勝田台駅だ。だから東西線ユーザーは、東葉勝田台行きの電車を決まって見かける、ということになる。

電車の中やホームでの案内放送でも、「東葉高速線直通、東葉勝田台行きです」などと言っている。東西線ならばブルーのラインカラーなのに、オレンジ色があしらわれた電車が来ることもある。東葉勝田台、いったいどんなところなのか。東葉高速線とはどんな路線なのか。東西線ユーザーの深層意識にすり込まれているナゾに、そろそろ答えを出さなければなるまい。

というわけで、東西線に乗り込んで東葉勝田台駅を目指した。

首都圏横断1時間超。トンネルと高架をくり返し〝終着駅〟へ……

都心を東西に串刺しにする東西線のさらに先まで行くだけあって、東葉勝田台駅はなかなかに遠い。東西線で中野駅から西船橋駅まで快速に乗って約50分。そこから東葉高速線に直通して約20分。乗りっぱなしが楽とはいっても1時間を超えると少し辛い。

東葉高速線は、千葉県の下総台地上を走る路線だ。開通したのは1996年と新参者。同様に下総台地を走る路線に京成本線や北総鉄道があるが、両者の中間地域をカバーしているのがこの路線だ。

なだらかながらも起伏に富んだ下総台地をゆく路線だけあって、トンネルと高架を繰り返す。沿線は、ことごとくニュータウン。この一帯には他にも北総線沿線などにニュータウンが並んでいるが、東葉高速線沿線も同様だ。わずかに東海神《ひがしかいじん》〜飯山満《はさま》間では高架の上からのどかな田園地帯が顔をのぞかせる。この場所には医療センターを核とした再開発計画があり、新駅を設ける予定だという。

そうして中野駅から約1時間と10分。地下鉄の如く地下にホームを持つ東葉勝田台駅に到着する。階段を登って地下1階のコンコースに出て改札を抜けると、すぐ目の前に京成本線の勝田台駅の改札口があった。そう、この東葉勝田台駅は、京成本線の立場で見ればごくありふれた途中駅なのだ。それも、すべての列車が停車する立派な主要駅。実際、帰宅途中の高校生をはじめ、多くの人が駅の構内を行き交っていた。

さて、地下に埋もれた改札口の周りだけをうろうろしていても仕方がないので、外に出ることにする。多くの人が向かっていく南口が先だ。

南口には駅前の大きな広場を取り囲むようにして、高層階が団地になっているようなビルが建ち並んでいる。正面にはなぜだかビジネスホテルまで。成田空港もそれほど遠くないから、早朝便に乗る空港利用者が泊まるのだろうか。

駅前のメイン通りの両サイドにも団地、その奥の緑に茂ったあたりも団地。とにかく、団地に次ぐ団地。それが東葉勝田台駅の姿である。駅名に「台」が付く場合は、たいてい周辺に高度経済成長期以降開発された団地群があるものだ。が、東葉勝田台駅（勝田台駅）も例に漏れず、まさしく団地の町だった。

東葉勝田台駅は千葉県八千代市にある。下総台地上に広がる八千代市は、我が国の住宅団地発祥の地だという八千代台をはじめ、多くの住宅団地があることで知られる。八千代台団地の完成は1957年のこと。それから約10年遅れて1968年に勝田台団地の入居がはじまった。勝田台駅も同じ年に開業し、それまで「勝田」と呼ばれていた一帯の町名を「勝田台」と改めた。夢の大型団地に清新なイメージを与えるべく、地名をリニューアルしたということだろうか。

今も息づく個性豊かな〝昭和〟

全国的にもそうであるように、この時代に築かれた団地群ももはや誕生から半世紀。昭和30年代を懐かしむ人もいるが、勝田台のような団地にも昭和の面影が今に残っている。

上層部が団地になっている大通り沿いのビルも、1階には絶妙に古びた商店が入る。だいたいはお馴染みのチェーン店に入れ替わっているが、団地ができたときから続いているのではと思しき店もある。

そして真骨頂は、大通りから少し傍に入った道筋にあった。地方都市にもあるような、ザ・昭和の飲み屋街。ナイトパブ、雀荘、カラオケ喫茶にラーメン店などが並ぶ。チェーン店は少なく、昼からやっているらしき店の中を覗けば地元のおじさんたちが赤ら顔。東京都心から約1時間と離れているだけあって、職場のある都心で呑むと帰宅が不安。だから地元の駅の近くでちょっと一杯、というのが昭和のスタイルだったのだろう。それが今も、勝田台の駅前に残っていた。

一帯を支え続けた江戸時代のルーツ

昭和の面影の勝田台の夜の町を後にして、京成の線路沿いに西に向かって少し歩く。それまでは地上を走っていたはずの線路が掘割の中に入っていく。意外に起伏に富んだ下総台地ならではの光景ではないか。その掘割を跨ぐ跨線橋から北口側に出る。北口は勝田台団地のある南口と比べると新しい町なのだろう。

それでも、駅前の目抜き通りにはいくつかの商店が並ぶ。そして駅前で目抜き通りと交差しているのが国道296号だ。交差点のすぐ東に八千代市と佐倉市の境界を示す看板。クルマ通りも人通りもなかなかに多く、国道296号がこの一帯の重要な通りであることをうかがわせる。

調べてみると、国道296号はまたの名を「成田街道」というらしい。都心から成田へ

駅前から数々の団地。正面にはビジネスホテルも

「ちょっと一杯」がよく似合う町並み

向から街道（そのままですが）で、鉄道が通る前、すなわち江戸時代などには成田山新勝寺に参詣する人たちが行き交った通りにルーツがあるという。今の八千代市内にも大和田に宿場町があった。新田開発も思うように進まなかったという近世の八千代市域は、この街道筋と宿場でもっていたような一帯なのだ。

明治に入ると県内随一の養蚕地域となるが、昭和に入ってそれも廃れ、入れ替わるようにして戦後生まれたのが住宅団地。勝田台駅の北を少し行くと工業団地もあるようだ。

比較的東京に近い千葉県の北総地域一帯は、早くから東京のベッドタウンとして存在感を示してきた。台地上の団地群はその象徴。勝田台をはじめとする八千代市内の団地はその第一歩を刻んだ存在といっていい。

そして成田街道は今の京成線や総武線に通じる成田山参詣ルート。もうひとついえば、千葉県特産でふなっしーでもお馴染みの梨の生産、大正初期に現八千代市内でたった2戸の農家がはじめたことがきっかけになっているという……。うーむ、ナゾの終着駅、東葉勝田台も訪れてみればなかなかに奥深いものであった。

――新木場　夢の島には何がある？

子どものころ、「夢の島に社会科見学に行った」という話を友人から聞いて、心底うらやましいと思ったことがある。国会議事堂だとかコーラかなにかの工場だとかが定番だった社会科見学で、夢の島。どんなに楽しそうな場所なのだろう……。

が、夢の島というのは東京の臨海部にある埋立地で、とどのつまりゴミ処理場のことである。何のことはない、ボクらが日々出しているゴミがどのように処理されているのかを見学しましょう、という夢どころか現実を直視させる、実に王道の社会科見学だった。

そんなわけで、なんでゴミ処理場に夢の島などという名前をつけているのかというのが気になっていた。だいたい、ゴミ処理は環境問題や衛生問題とも密接に関わっている、シビアな社会問題である。夢の島という名前でネガティブなイメージを糊塗し、現実から目をそらすように仕向けているのか。ここまでいくとさすがに大げさだが、なんだか腑に落ちない思いをずっと持っている。

そして今回、ついに夢の島にやってきた。といっても、目的は夢の島そのものではなく、新木場駅だ。

新木場駅は、東京メトロ有楽町線の終着駅である。有楽町線は東武東上線や西武池袋線に直通しているから、それらの路線を利用する人にとっても終着駅ということになる。また、埼京線から直通してお台場を貫くりんかい線の終着駅でもあるし、東京駅の奥深くから千葉の蘇我駅まで、徹底して臨海部を走り通す京葉線の途中駅でもある。

東京駅のとてつもなく遠い京葉線のホームを嫌う人は、新木場駅で有楽町線かりんかい線から乗り換えるのだという。すなわち、新木場駅は東京東部の臨海エリア、そこにあって随一の鉄道乗り換えの要衝地というわけだ。

駅名だけに猛烈な〝木材推し〟のホーム

実のところ、夢の島が新木場駅の近くにあるというのは、今回新木場駅に来ることになって初めて知った。そもそもの目的は、有楽町線・りんかい線の終着駅にして3路線が交わる乗り換えのターミナルがどんな駅なのか、ということにある。乗り換える客は多くても、駅の周りに何があるのか知っている人はあまりいないのではないか。そういうわけで、新木場駅にやってきた。

さて、ようやく新木場駅の外に出る。新木場、という名前を持つだけあって、有楽町線のホームの駅名標には木があしらわれ、さらにコンコースにも大きな木。駅前広場には「木のまち新木場」と書かれたポールと、そのおとなりにはトーテムポール。なんでトーテムポールかというと、木材産業発展のシンボルとしてカナダのブリティッシュコロンビア州の林業関連団体から寄贈されたものだそうだ。

まあ、わかったようなわからないような話だが、少なくとも新木場が文字通りの木の町であることは伝わってくる。駅の高架下や駅前広場の周りには飲食店やビジネスホテル、また大きなオフィスビルなどもあって、それだけ取りあげれば臨海部の清新なターミナルの装い。しかし、紛れもなく新木場は「木の町」なのだ。

駅前から東に向かって高架沿いを歩いてゆくと、木材関係の会社がずらりと並んでいる。老舗なのだろう檜材の専門店が路上に無人販売店のようなものを出していて、まな板などを売っている。本業とは違うのだろうが、端材を活用した木工会社のサイドビジネスのようなものなのだろう。

駅の西側にある大通り（明治通り）を南に向けて歩いても、道沿いには木材関係の会社が並び、まあとにかく新木場は木の町である。

木の町以外の側面を探すとすれば、倉庫街といったところだろうか。新木場駅の南側、千石橋で運河を渡った先には、大型の倉庫も目立つ。臨海部の物流拠点なのだろう。そうした一角には、かつて「新木場のageHa」があった。それっぽいことをいうほどの知識は持ち合わせていないが、かつて東京のクラブシーンをリードしたのだとか。

倉庫街は夜間に大きな音を出しても嫌がられないし、それでいて空き倉庫を使えば大きなスペースを確保しやすい。だから、バブルの昔には芝浦の倉庫が芝浦ゴールドやジュリアナ東京として一世を風靡した。「新木場のageHa」もそうしたもののひとつといっていい。倉庫街は流行の最先端にもなり得る可能性を秘めている、というわけだ。

〝新〟のつかない木場とは何がちがう?

「新木場のageHa」は2022年に閉館してしまった。だから本来の新木場に話を戻そう。

新木場には、ルーツになる町がある。〝新〟のつかない木場である。

江戸時代の初めごろ、大火からの再建で材木の需要が急増。需要と供給のバランスが崩れて価格が高騰してしまった。そこで、各地に点在していた材木商を深川に集め〝木場〟を設置し、木材の供給や価格の管理を行なった。これが〝新〟のつかない木場のはじまりだ。

江戸の町の建物は、武家屋敷も町人長屋もどちらも木造だ。それでいて火事と喧嘩は江戸の華。ひとたび火事が出れば木造の建物は燃え落ちるし、延焼防止のために火消したちが燃えていない家まで叩き壊した。だから、木材の需要が切れることはない。そうしたわけで、木場は年々拡大し、紀伊国屋文左衛門などの豪商も生まれている。

明治に入っても木場が東京でいちばんの木の町であることは変わらなかった。ただ、戦後になって東京湾に新しい埋立地ができると材木商たちはこぞってそちらに移転。それが、いまの新木場だ。

いざ〝埋立地のゴミ処理場〟「夢の島」へ

このあたりで新木場駅に戻る。駅前広場から線路の高架をくぐって、首都高湾岸線を続けてくぐる（つまり湾岸道路を渡る）と、いよいよ夢の島である。

夢の島というのは、新木場駅がある埋立地（東京湾埋立14号地）のうち、湾岸道路より北側を指す地名だ。南北に明治通りが貫いていて、ほかは一面が公園になっている。アメリカの水爆実験で被曝した第五福竜丸の展示館もあり、地下にゴミの処分場。首都高も通っていて交通の便にはまったく問題なく、社会科見学にうってつけといっていい。

では、どうしてこの埋立地のゴミ処理場を「夢の島」というのか。これにも答えを出しておかねばならない。

　新木場や夢の島の埋め立てのはじまりは、1930年代後半に遡る。埋め立て工事がはじまった当初、目的はゴミでも木材でもなく、〝飛行場〟だったという。当時の（というか今も）東京都心の空港は羽田だけ。が、羽田空港の拡張は難しいと考えられており、さらに都心部からいささか遠くて交通の便が悪いという弱点もあった。

そこで、もっと都心に近い場所に広大な埋立地を設けて、新しい飛行場を作ろうと計画された。それが、現在の新木場・夢の島だ。

ところが、戦争によって飛行場建設は途中で頓挫する。何の目的もない広大な埋立地だけが東京湾に浮かんだままに終わってしまった。戦後、GHQの主導によって羽田空港の拡張がスタートすると、いよいよ本格的に目的を失った埋立地。そこに最初に生まれたのが、海水浴場だった。

復興に向けて歩みをはじめた人々にとってレクリエーションこそが必要という考えのもと、1947年に「夢の島海水浴場」として大々的にオープンしたという。これが、「夢の島」の名前のはじまりである。

遠く房総も望める風光明媚な人工島の海水浴場。終戦直後の世相も含めて考えれば、こ

森の香りがしそうな駅名標

倉庫街らしく一帯を貫く道路には多くのトラックの姿が

の名前はなかなか味わい深い。ところが、海水浴場はたった3年で閉鎖されてしまう。まだまだレクリエーションに時間とお金を割くほどの余裕がなかったのかもしれない。

〝飛行場〟→〝海水浴場〟→そして……

しばらくはそのまま放置されていた〝夢の島〟だったが、1957年にゴミの処分場になることが決まる。それまでは潮見にあった処分場が満杯になり、新たな処分場として夢の島に白羽の矢が立ったのだ。

1965年、1日の東京のゴミの量は実に8000トン。そのうち2000トンは焼却処理されるが、残る6000トンは焼却されずに夢の島に運ばれて、埋め立てが進んでいった。その後もゴミの量は急増、処理施設の建設はとうてい追いつかず、埋立処分も増えるばかりだった。処分場といえば聞こえは良いが、つまるところは〝ゴミを海に捨てた〟に等しい。

だからとうぜん問題が起きる。ゴミが発酵してガスが出て、それに引火して火事になる。野犬やネズミが闊歩する。夏場にはハエが大量発生し、影響は対岸の江東区南西部の住宅地にまで広がってしまった。

あれこれ手を尽くしてもどうにもならず、最終的には自衛隊まで出動してゴミもろともハエやネズミを焼き尽くしたのだという。夢とはまったく正反対の地獄絵図であった。

こうした経験があったからか、都内のゴミの大半を引き受けていた江東区が新たな処理場建設に反対を表明。都内各地に処理場を分散して建設することになり、徐々にゴミ問題は解消に向かってゆく（この過程でも〝ゴミ戦争〟と呼ばれるあれこれなどがあったのだが、それはまた別のお話である）。

そして、夢の島でのゴミの埋め立ては1967年に完了。その後に正式に地名が「夢の島」になり、公園として整備されていまに至っている。〝木の町〟として新木場に木材関連の会社が移転してきたのは、それよりも後のことである。

駅に戻り橋の上から運河を見ると……

新木場駅から湾岸道路を挟んだ北に広がる夢の島公園。その歴史は、〝木の町〟新木場以上に波乱に満ちていた。おなじ埋立島の北側が夢の島で、南が新木場。駅はその境目にあるのだから、夢の島駅といってもよかったのかもしれない。なぜ新木場駅になったのかはわからないが、夢の島＝ゴミの処分場というイメージがあったからなのだろうか。

いずれにしても、いまの夢の島は公園とマリーナと植物館があって、遠くにはスカイツリーも見えるのどかな湾岸の緑地帯。そこに、ゴミの埋立地の面影はまったくなくなっている。ゴミの処理は、公園の脇にある新江東清掃工場で今も行われているが、埋め立てではなく焼却処分である。

新木場駅に戻り、たもとにageHaがあった橋の上から運河を見る。運河上には〝木の町〟らしく貯木場もある。そしてその遠く向こうに見えるのは葛西臨海公園の観覧車。新木場駅から東に向かう京葉線は、お隣が東京都最後の駅、葛西臨海公園。そして旧江戸川を渡り、夢の国の玄関口・舞浜駅に向かうのである。

観覧車の見える葛西、そして舞浜へと海は続いていく

——拝島　アメリカ軍の背後、徳川家のカゲ

いくつもの鉄道路線が集まっている鉄道交通の要衝のようになっている駅がある。もちろん、それが新宿駅だとか東京駅だとか、そういうターミナルならば万人が納得だ。が、少し都心を外れると、なぜこんなところにいくつもの路線がやってきているのかがよくわからない、不思議な駅があるのだ。

そのひとつが、拝島駅である。

拝島駅は東京都昭島市と福生市のちょうど境目に位置している東京郊外の駅で、看板路線はJR青梅線。立川駅で中央線から乗り換えて10分と少し。中央線にも青梅線直通の列車があるから、それに乗ったら東京駅や新宿駅からも乗り換えることなく拝島駅にたどり着く。奥多摩レジャーなどに赴こうとしたとき、その途中で拝島駅の存在を認識した人も多いのではないか。

この青梅線を中心に、JRでは五日市線と八高線が拝島駅に乗り入れる。五日市線は拝島駅が正真正銘の起点で、沿線には東京サマーランドもあってこれまた奥多摩レジャーのアクセス路線として馴染みがある。

もうひとつの八高線は、八王子から関東平野の西縁を北上して遠く群馬県は高崎駅を目指すローカル線。まあ、ローカル線といっても高麗川《こまがわ》駅まではローカル色はあまりなく、東京の西の端の通勤路線といった趣である。

かくのごとく、拝島駅には青梅線・五日市線・八高線というJRの3路線がやってくる。そしてもうひとつ、忘れてならぬのは西武鉄道拝島線だ。西武新宿駅を始発とする西武新宿線から拝島線へと乗り入れてくる列車も多く、夕方以降の帰宅時間帯には座席指定制の有料列車「拝島ライナー」も走っている。つまり、西武新宿線ユーザーにとって拝島駅は〝ナゾの終着駅〟という一面も持っているのである。

と、ずいぶん前置きが長くなってしまったが、とにかく拝島駅は紛れもなく東京西部における交通の要衝なのである。だからその名を耳にしたことがある人も、きっと多いのではないかと思っている。ところが、例のごとく拝島駅に何があるのかはとんとわからない。いったいどんな駅なのだろうか。

立川駅から青梅線に乗って、拝島駅にやってきた。

拝島駅の構内はずいぶんと広い。JRだけで3路線あって、さらにすぐ隣に西武線のホームもあるのだから当たり前といえば当たり前だが、それだけではない。駅の上り方（立川より）には車両基地とも言えるような広々とした構内を持っているのだ。そしてそこには、何やら機関車のようなものが停まっている。拝島駅は単なる4路線乗り入れの駅というだけではなくて、それ以上の大きな役割を得ているようだ。

そんなことを思いながら青梅線のホームを歩く。すると、その端っこに「拝島大師下車駅」という案内板が立っている。拝島大師とは寡聞にして知らなかったが、拝島駅きっての観光名所なのだろう。

「基地司令の許可なしに立ち入りを禁じる」

階段を上って橋上駅舎の改札口を出て、まずは北口へ。

北口には小さな広場があって、その隣にはファミリーマート。広場には「福生市へようこそ」といったことが書かれた大きな観光案内板もある。駅の中に福生市と昭島市の境目が通っていて、北口側が福生市、というわけだ。

福生といえば東京のアメリカ、横田基地の町である。横田基地は拝島駅のすぐ北側、八高線に沿うようにして広がる広大な基地だ。

拝島駅の脇からは、横田基地に向かって1本の線路が続いている。駅前の広場のすぐ先、玉川上水を渡って住宅地の中を進み、基地の中へと消えていく。いくつか踏切があるが、脇には「基地司令の許可なしに立ち入るな」といったことが書かれている。線路の敷地内は〃米軍の土地〃、つまり〃外国〃なのだろう。

この線路では今も定期的に燃料輸送が行われているという。訪れたときにはまったく静かで列車が来る様子はなかったが、頭上にはオスプレイが盛んに飛んでいた。ちなみに、駅のすぐ近く、米軍の燃料輸送路線の線路と並んで玉川上水を渡る橋は、「平和橋」と名付けられている。

駅の脇に「徳川家のカゲ」

さて、あまり賑やかではない住宅地ばかりの駅前の横田基地への貨物線を見たところで、今度は南口に戻ろう。橋上駅舎の自由通路を歩いて線路を跨いでもいいが、ちょっとつまらない。地図によると拝島駅の北側には国道16号がオーバーパスしているようなので、そこにむかってしばらく玉川上水沿いを歩く。

玉川上水は江戸時代の初めに玉川兄弟によって開かれ、江戸の人々に飲み水を運んだ上水道だ。その始まりは拝島駅より少し北、青梅線羽村駅の西で多摩川から分かれ、拝島駅付近を通って西武拝島線と並走。その途中の小平監視所までは今でも東京都民の上水として使われている。太宰治が入水したのはさらに下流の三鷹付近。最終的には新宿御苑のあたりまで続く。

拝島駅のすぐ脇、国道16号の真下を線路と並んで流れるこの区間の玉川上水を渡る小さな橋は、「日光橋」と名付けられている。日光といえばあの見ざる聞かざる言わざるの日光だ。拝島と日光はあまりに遠い。いったいどんな関係があるのだろうか。調べてみると、拝島の町の発展に大きくかかわっていることがわかった。

今では昭島市・福生市の境界に位置する拝島駅と拝島の町だが、かつては拝島村という独立した村だった。拝島駅前よりもかなり南側の多摩川近くに「拝島町」という地名があるが、そのあたりに拝島村の中心があった。江戸時代中ごろ以降は、八王子や青梅に次ぐ規模の市が立っていたという。

というのも、拝島は八王子と日光を結ぶ日光脇往還の宿場だったのだ。八王子と日光が結ばれた理由は、八王子千人同心が日光勤番に赴くため。日光という徳川将軍家にとって何より大事な地の守りを固める上で、日光脇往還は重要な街道のひとつだったというわけだ。その最初の宿場が拝島だった。いまに残る駅の脇の「日光橋」という名の橋は、日光脇往還時代の名残である。

とはいえ、今や拝島から日光まで歩いていく必要もないし、そんな酔狂なことをする人もいない。むしろ、国道16号が玉川上水と線路を跨ぐオーバーパスのほうが花形だ。沿道は再開発が進められているようで殺風景だが、行き交うクルマが絶えることはない。

そんな国道16号を歩いて進み、線路を跨いで南口側、つまり昭島市側に出る。拝島駅にとっての正面（中心）は南口側にあるらしい。その証拠に、駅前広場は実に広々と立派だし、その広場の脇の路地にはスナックやラウンジ、居酒屋などが入った雑居ビルが建ち並ぶ。歓楽街というほどではないが、周囲がほとんど住宅地という拝島の町にとってはここだけが小さな繁華街の顔を持つ。

駅前広場は真新しいし、橋上駅舎も2010年に完成したばかり。ただ、駅の脇の小さな繁華街にはどことなく昭和の香りも漂っていて、交通の要衝としての拝島の賑わいがうかがえる。

それらをまとめて〝不要不急線〟という

拝島駅が開業したのは1894年のことだ。最初に拝島に来た路線は現在のJR青梅線、当時は私鉄の青梅鉄道（のち青梅電気鉄道）といった。それから長らく拝島駅は青梅電気鉄道一本槍でやってきて、約30年後の1925年に現在の五日市線、五日市鉄道が乗り入れる。八高線は1931年、西武拝島線はだいぶ遅れて戦後の1968年である。

いまの五日市線は拝島駅で青梅線から分岐する形だが、かつては立川まで独自の路線を持っていた。そのルートは、拝島駅のすぐ南側を抜けて多摩川沿いへ。戦時中の1944年に青梅電気鉄道と五日市鉄道がともに国有化されて青梅線・五日市線となり、同時に五日市線立川〜拝島間は廃止されている。

少しの鉄も惜しい戦争の真っ只中、青梅線と並行している五日市線はとっととレールを引っ剝がして戦闘機か軍艦の鉄材に、というわけだ。この時期には似たような理由で多くの鉄道路線が廃止されており、それらをまとめて〝不要不急線〟という。ちなみに、全国の小学校にあった二宮金次郎の像も、甲子園球場の鉄傘も、みんな不要不急として召し上げられている。

日本の400年がここにある

ともあれ、そんな形で戦時中に姿を消した五日市鉄道の立川〜拝島間の独立線路。まったく痕跡が消えたわけではなく、いまでも「五鉄通り」という名で残っている。拝島駅のすぐ南、5分も歩けば五鉄通りの入口だ。

江戸時代には日光と八王子を結ぶ街道の宿場として賑わい、明治以降青梅鉄道、五日市鉄道が開業して交通の要衝となってさらなる賑わいを得た。五日市鉄道は戦時中に〝不要不急〟として立川までの線路を奪われたが、西武拝島線の乗り入れもあって拝島の町は東京西部随一の交通の重要地となった。そして駅のすぐ北には米軍横田基地と、そこに通じる燃料輸送の線路……。

とりたてて何があるわけでもない、郊外の小さな駅に過ぎない拝島駅。だが、そこにも確かに激動の歴史が刻まれているのだ。

基地に向かって続く線路には「警告」の案内板が

絶妙なカーブ加減に線路の面影が残る「五鉄通り」

——上総一ノ宮　房総の果ての〝波乗〟の聖地

何事も、良し悪しは表裏一体である。それはもちろん鉄道にも当てはまる。どこまでもつながった線路の上を走って、遠い町まで連れて行ってくれるのは実にありがたい。けれど、それは裏を返せばうっかり寝過ごすと目覚めたときにまったく知らない土地に連れて行かれてしまうということでもある。飛行機ならば寝ている間に目的地を越えて遠くまで飛んでいくことはないから、〝見知らぬ土地へ連れて行く〟というのは鉄道ならではの欠点なのである。

……というわけで、今回もそんな見知らぬ終着駅を訪れた。目的地の駅の名は上総《かずさ》一ノ宮である。JR京葉線や総武快速線の一部が終着としている駅だ。

帰宅時間帯の寝過ごしも危険だが、総武快速線は横須賀線と直通しているから朝だって要注意。例えば横須賀線に乗って東京駅で降りるはずが、なぜか金縛りにあってそのまま総武快速線に直通、気付いたときにはここははるばる上総一ノ宮、なんてこともないとはいえない。

そんなげに恐ろしき上総一ノ宮駅はどこにあるのか。地図を開いて探してみると、東京からはるか東、房総半島をズバッと横断して九十九里浜にほど近い場所。そもそも京葉線の駅でも総武本線の駅でもなく、外房線の駅だ。つまり、京葉線も総武快速線も、蘇我駅から外房線に直通して上総一ノ宮駅を目指すことになる。今回は、昼時の京葉線で上総一ノ宮に向かった。

東京からざっと1時間30分。着くころには車両はすっかりがらんどう

京葉線のスタートは、ご存知東京駅の遠い遠い地下ホーム。始発駅なので座ることができた。少しずつ乗客が増えてきて、新木場駅を出たあたりでは立っている人もたくさんいるくらいの混雑ぶり。そしてその半分くらいが舞浜駅で降りていった。例のテーマパークはなかなか盛況のようだ。

そこから先は少しずつ乗客が減っていく。外房線に直通する蘇我駅では、もうすっかり車内はガラガラである。東京駅から通して終点の上総一ノ宮駅まで乗ろうとする酔狂な客は、私くらいしかいないのであろう。車窓には高い建物などほとんどなく、真っ青な快晴の空が大きく見える。

こうしてすっかり車内はがらんどうになって、東京駅から約1時間30分。目的の上総一

ノ宮駅に到着した。列車が着いたホームは島式の2番のりば。そこから古びた木造の跨線橋を渡って駅舎のある3番のりばへと向かう。

上総一ノ宮駅の駅舎は、2020年にリニューアルされた。リニューアル前は1939年築という大変古い白壁と褐色の屋根瓦を持つ駅舎だったが、いまは薄いブルーの直線的な屋根が印象的なスタイルに。水平の軒は、海の水平線をイメージしたものなのだとか。つまるところ、上総一ノ宮駅は海に近い駅、というわけだ。

駅の目の前には地域色の強い飲食店や土産物店にタクシー会社。その脇から北西に向かう道を少し歩けば、国道128号に出る。国道沿いには商店や金融機関などが建ち並ぶ。いかにも老舗といった風合いの店構えも目立ち、この地が歴史のある町であるということを物語っている。一宮町の中心市街地だ。そして、国道を渡った先には、〝一ノ宮〟の由来でもある上総国一宮、玉前《たまさき》神社が鎮座している。

立派な神社で見かけた「波乗守」

玉前神社の祭神は玉依姫命《たまよりひめのみこと》。言わずとしれた神武天皇の母で、すぐ東に広がっている太平洋からこの地に上陸したという話も残る。さすがに伝説めいている、というか間違いなく言い伝えの域を出ないのだが、それだけ由緒のあるお社なのは間違いない。一宮の町は、この玉前神社の門前町がルーツといっていい。

また、江戸時代後期には譜代大名の加納氏が伊勢国八田から拠点を移し、一宮藩が成立している。城下町というほど立派なものではなかったが、玉前神社と一宮藩の陣屋を中心に、それなりの町が形成されていた。

ちなみに、加納氏はもとは和歌山藩の家臣で、徳川吉宗が和歌山藩主から8代将軍に就任すると加納久通が側近として台頭、大名に取り立てられた。幕末には若年寄・加納久徴が出ており、最後の藩主・加納久宜の子の久朗は戦後の千葉県知事。こうしたところからも、一宮町はただの小さな町というわけではないよ、ということがうかがえる。

で、そんな立派な玉前神社で見かけたのが「波乗守」と名付けられたお守りだ。玉依姫命が波に乗って海から上陸した伝説に由来する……とあるが、それにしても珍しいお守りである。

一宮町はサーフィンの町だ。玉依姫命の伝説があるから、というよりは波の都合がいいからだろう。2021年に行われた東京オリンピックでは、サーフィンの競技会場にもなった。駅舎がリニューアルされたのはオリンピックの会場の最寄り駅という事情から。実際には無観客開催になってしまい、新駅舎や合わせて整備された東口とその駅前広場も、ほとんど役割を果たすことができなかった。が、これをいまさらどうのこうのといったところで仕方のないことである。

そういえば駅にもサーフボードが……

オリンピックは無観客でも、サーファーの集まる町であることはいまも変わらない。実際、線路を挟んで駅舎や中心市街地とは反対側の海に向かって歩いていくと、サーファー向けのショップや飲食店、宿泊施設などがいくつもあった。海沿いまで来れば、何人ものサーファーの姿を見ることができる。

そのひとりに聞いたところ「電車で来ることはないですねえ」。まあ、サーフボードを担いで通勤電車に乗るわけにもいかないので無理はないが、少なくとも一宮がサーファーの町であることは間違いなさそうである。

玉前神社の波乗守も、一宮がサーファーの町であることにちなんだのが本当のところのようだ。もしかしたら、玉依姫命は日本初のサーファーだったのかもしれない。

改めてサーファーの町であることを知って駅に戻ると、たしかにそれを示すものが駅の

水平なブルーの軒が波際を思わせる駅舎

ついもたれたくなるホーム待合室のサーフボード

町と縁の深い玉前神社。祭神は神武天皇の母・玉依姫命

中にもあった。駅舎自体はともかく、1・2番のりばのある島式ホーム中央のガラス張りの待合室は、座席の背板がサーフボードになっている。駅舎のリニューアルに先立って、オリンピックムードを盛り上げるための取り組みのひとつだったのだろう。

そういうわけで、上総一ノ宮駅はサーファーの駅（といっても鉄道で来るサーファーはほとんどいないけど）。駅から真新しい東口に出て、30分ほど田園地帯を歩いて抜ければ太平洋だ。1944年、戦時中には風船爆弾の実験が行われたという秘話もある。太平洋の向こうはアメリカだから、戦争末期には米軍の上陸にも備えていたのかもしれない。

そうした歴史を持つ町も、いまやすっかりサーファーの町として、つまりリゾートの町として存在感を示す。天気が良い日であれば、夏だろうが冬だろうが、サーフィンは季節知らず。もしも金縛りにあって東京駅で降りられず、上総一ノ宮駅までやってきてしまったら。絶望ついでに海まで歩き、サーフィンでもはじめてみてはどうだろう。陸サーファーよりホンモノのサーファーのほうがよほどカッコいい。ボードのレンタルや講習をしてくれるショップもあるみたいですよ。

――籠原　日本のいちばんあつい町

新宿で、そして東京で。上野東京ラインや湘南新宿ラインに乗るときによく見る行き先はいくつかある。南行きなら「小田原」、北行きなら「高崎」「宇都宮」。まあこの辺だったらよく知っている。小田原は小田原城が有名だし、宇都宮は餃子で高崎はダルマだ。行ったことがなくとも、それなりに大きな駅なんだろうと想像できる。

だが、そんな中で気になる行き先がある。そう、籠原。地元の人でもない限り、籠原駅に行く機会なんてなかなかない。電車の行き先で耳にするくらいなものだろう。でも、そんな籠原行きの電車、結構多くて昼間から1時間に1本ペース。夜の22時台に東京駅を出発する籠原行きは、1時間に3本もある。

そもそもなぜ「籠原行き」が多いのか

籠原駅は、熊谷駅のひとつ先にある。熊谷駅は言うまでもなく新幹線も停まる埼玉県北部を代表するターミナルだ。

つまり籠原駅は新幹線のターミナルから見ると衛星的な小駅に過ぎない。なのに、なぜ籠原行きの電車が走っているのか。その答えはシンプルで、車両基地があるからだ。それ以上でもそれ以下でもなく、籠原という駅に特別な何かがあるわけではない……と思う。とはいえ、実際に行ってみなければほんとうのところはわからない。そういうわけで、はるばる高崎線に乗って籠原駅にやってきたのである。

籠原駅を〝終着駅〟たらしめている車両基地。1969年に籠原電車区が設置されて以来、高崎線の運転上の要所になっている。今でも籠原運輸区があって運転士や車掌が所属しているし、高崎車両センター籠原派出所がホームのすぐ脇に広がっている。

籠原駅から北は、10両編成までしか乗り入れることができない。だから15両編成の高崎線は籠原駅で5両だけ切り離すことになる。おかげで、籠原駅には取り残された短い5両だけの電車が寂しく佇んでいる。

さっそく、駅前に出てみると……。まあその、取り立てて何か語るべきものがあるということはなさそうだ。

いや、もちろんど田舎の無人駅ではないから住宅地は広がっているし、駅前にはコンビニがあったりロータリーがあったりはするのだが、他は特に何もなし。北口は比較的最近になって整備されたと思われる新しい広場が待っている。その脇には2011年にオープンしたE'site籠原という商業施設もあって、ローソンと日高屋、タリーズコーヒーが入っている。だから間違って籠原駅にやってきてしまっても、昼間ならばそれなりに暇を潰すことはできそうだ。真っ昼間から間違えて籠原駅に来るなんてことがあるかどうかは別のお話である。

その商業施設の近くを歩いていたお爺さんに話を聞いてみると、「いや〜、この辺に住んでいる人でわざわざ駅前の店に行こうと思う人はいないと思うよ。だって仕事してる人は高崎とか大宮、東京まで行っちゃうし、飲んだり食べたりは職場の近くで済ますでしょ。ずっと家にいるのは年寄りと子どもと奥さん方ぐらいだから」と言う。しばらく南に歩くと熊谷工業団地があり、通勤駅としての機能も持っているようだが駅前の賑わいにはつながっていない。

階段の裏側にひっそりと開業の経緯

このあたりで、籠原駅の歴史を改めて振り返ってみよう。籠原駅の開業は1909年。高崎線が通ったのは1883年だから、それから26年後の駅誕生だった。お隣の熊谷駅と深谷駅はどちらも中山道の宿場町としての歴史があり、その中間の籠原に駅ができないのもうなずける。地元の大正寺というお寺が中心となって請願した結果の籠原駅誕生だったという。駅の北に10分ほど歩けば旧中山道が通っており、籠原には宿場ではなく立場《たてば》（街道の休憩所）があった。駅周辺は新堀という地名だが、籠原駅になったのは立場の名に由来するという。

駅ができたおかげで少しは集落も生まれたようだが、本格的に住宅地になっていったのは戦後の1970年代以降。車両基地も生まれ、東京にも意外と近く（1時間ちょっと）、ベッドタウンとして人口を増やして今に至った。

ただし、そんな歴史を感じられるポイントはあまりない。北口のロータリーに続く階段の裏側にひっそりと開業の経緯が刻まれた案内板があるくらいだ。籠原駅の旅は、意外にあっけなく終わってしまった。

この一帯の〝本家〟も訪ねてみることにした

が、これだけではさすがにつまらないので、お隣の熊谷駅にも足を伸ばして（というかひと駅戻って）見ることにした。籠原駅も熊谷市内の駅のひとつだし、熊谷のベッドタウンという位置づけでもあるようだ。だから〝本家〟熊谷を知っておいても損はない。とい

籠原駅に着くとホーム横には広大な車両基地が

駅舎自体はシンプルな籠原駅。歴史も質素にまとめられていた

うか、何もない籠原だけで帰ってしまっては、なんかちょっと損した気分になりますしね。

熊谷駅の中心は、北口だ。まさに立派な駅前広場と商業施設（駅ビル）があり、さすが埼玉県北部の中心都市の玄関口。タクシーが客を待っている駅前広場の真ん中には、騎馬武者像が鎮座する。この騎馬武者は熊谷直実といい、源平合戦では頼朝方に与《くみ》して一ノ谷の戦いで平敦盛を討ち取ったという逸話を持つ。いまの熊谷市内に居を構えて治めたいわば郷土の英雄だ。

熊谷直実の像の脇には、「ラグビータウン熊谷」なる文字も。駅前広場の片隅には、妙にリアルででっかいラグビーボールのオブジェもある。熊谷にはラグビーの専用競技場があって、2019年のワールドカップでも試合が開催されていた。熊谷は、ラグビーの町なのだ。

ラグビーの他に熊谷の町を特徴づけるもうひとつのポイントは、かつての宿場町ということにある。JR高崎線は、おおよそ旧街道の中山道に沿って走っている。江戸時代までは東海道と並ぶ日本の東西を結ぶ大動脈のひとつだ。そして、熊谷には板橋宿から数えて8番目の宿場が置かれていた。

旧街道は大動脈としての役割を新参の国道に譲り、だいたい細い路地のような道筋に受け継がれていることが多い。だからいくらかは古い雰囲気が残されていたりして、宿場町情緒をほんのりと感じることができる。ところが、この熊谷のあたりでは国道17号がそのまま旧中山道。とうぜん幅の広い大通りで、クルマ通りも多いから旧街道の時代の面影はすっかり消え失せてしまっている。

その中山道、路面が遮熱舗装されているといういかにも熊谷らしい国道17号を西に向かってしばらく歩く。すると、大きな建物が正面に見えてきた。1897年創業、埼玉県でははじめての百貨店という老舗の地場百貨店・八木橋百貨店だ。

八木橋百貨店のエントランスには手製の温度計が掲げられていて、その日の最高気温が表示される。そう、熊谷といえば、暑いのだ。毎年夏になると、熊谷はやたらと注目度が高くなる。ワイドショーやら何やら猛暑の日にはこぞって出かけて「熊谷、暑いです！」などと、誰もがわかりきっていることを叫ぶというパフォーマンスを繰り広げる。

ただし、パフォーマンスだけでなく実際に熊谷は本当に暑い。2018年7月23日に記録した41・1℃は観測史上最高記録（2020年に浜松市も41・1℃を記録していまは1位タイ）。つまり日本でいちばん暑い町なのだ。だから、まあワイドショーが出かけたくなる気持ち、わからなくもない。

実は埼玉県で10本の指に入る都市「熊谷」

八木橋百貨店と熊谷駅の間、旧中山道とJR高崎線の間には、昔ながらの商店街がいくつも連なっている。もちろんずっと絶え間なく店が続いているわけではなくて途切れ途切れなのだが、店のラインナップはなかなか個性的だ。

というのも、いかにも昭和の色の濃い商店があるかと思えばスナックがあったり、さらにはパブ・クラブといったオトナのお店もあったり。その合間にちょっと小洒落た居酒屋や飲食店があって、はたまた古びた喫茶店。それでいて、オフィスビルのような類いもあれば、繁華街らしく〝無料案内所〟の看板も。もちろんふつうの住宅だって並んでいる。つまりは、とにかく雑多なのだ。

だいたいどの地方都市にもあるような光景といえばそうだが、オトナのお店系とそれ以外のお店はエリアがくっきりと分かれているケースが多い。ところが熊谷は、その辺の境目があいまいで、全体があらゆる意味でバランスの取れた繁華街。中央には道路の真ん中が緑地化されたシンボルロードもあって、コンパクトとはいえないかもしれないが、なかなか歩いていておもしろい。さすがの埼玉県北部を代表する都市なのだ。

現在の熊谷市は、人口約20万人で埼玉県内では9番目。約130万人のさいたま市が突出しているが、日本でいちばん〝市〟の多い県にあってはなかなか健闘しているほうといっていい。

かつてはもっと〝圧倒的な規模〟だった時代も……

日本で初めて国勢調査が行われた1920年。当時の熊谷町の人口は約2万2000人。いまの10分の1というと少なく感じるが、そもそも時代がまったく違う。同じ埼玉県内で見ると川越に次ぐ2番目で、浦和などと比べても圧倒的な規模を誇る町だった。

さらに遡れば、明治の初めには熊谷県（群馬県と埼玉県の一部をまとめたエリア）が置かれてその県庁所在地でもあった。江戸時代以来の宿場町、そして荒川の舟運という恵まれたポジションを活かし、明治以降は北関東で盛んだった養蚕・機業の中心地、集積地として栄えてゆく（戦災で大半が焼失し、現在の町並みは戦後のもの）。

終戦直後、浦和の県庁舎が焼失した折は、いっそのこと埼玉県庁を熊谷に移転してはどうか、などという議論まであったという。人口規模だけでなく、歴史や知名度、存在感などを総合的に考えれば、浦和・大宮のさいたま市に次ぐ埼玉県第二の都市といって差しつかえないような、そういう熊谷の町なのである。

最後にもう一度、籠原へ。籠原は、いわば熊谷市の衛星的な町だ。暑さも変わらなければ、商業圏としても熊谷と同じ。ただの田舎町、などと思ってしまってすみません。籠原と熊谷、セットで考えれば、また違った景色が見えてくるような気がしている。

「埼玉初の百貨店」八木橋百貨店

路面の熱対策をうたう歩道の看板

――土浦　〝つくばの時代〟の前には何がある？

常磐線という鉄道路線は、いったいどんなイメージを持たれているのだろうか。

もちろん、常磐線は350キロに及ぶ長大な路線で、途中には水戸や日立、いわきといった町があり、最後には仙台方面にまで繋がっている。だからそれぞれの地域ごとに多岐にわたる特色を持っていることは間違いない。ただ、こと東京からみた、ということに限ると、だいたいそのイメージは偏見に満ちあふれることになる。

いきなりこんなお話で恐縮だが、常磐線を語る中でよく出てくるエピソードに、「電車の中でコップ酒で乾杯している」などというものがある。現実問題、いまは乾杯ができるようなボックス席がほとんどなくなっているし、だいいち令和のご時世にはあまり見かけるものではないと思う。ただ、ひと昔前には現実の光景だったことは間違いないようだ。

そんな偏った、田舎臭くてそれでいて猥雑で、といったイメージを象徴している町のひとつが、終着駅でもある土浦ではないか。上野駅から1時間とちょっと。茨城県の中ではそこそこの知名度があって、東京への通勤も充分に可能な場所。この絶妙な距離感の町・土浦。いったい、どんな駅なのだろうか。

駅ビルに星野リゾートが入っている……！

常磐線の列車は、特急ならば土浦よりも先の水戸、日立、いわきへと走ってゆくが、それ以外の普通列車の多くは土浦止まりだ。ちょっと前までは東京から土浦を越えて水戸方向への直通列車も多かったが、いまは水戸に行くには土浦で乗り換えねばならぬことがほとんど。つまり、土浦駅は交通の要衝地でもあるのだろう。

古くから茨城県南部の中心地だったという土浦のターミナル。ホームの上に築かれた橋上のコンコースに出ると、「ようこそ〝サイクリングのまち土浦〟へ」と書かれた横断幕が出迎えてくれる。改札を抜けた先の駅ビルには、天下の星野リゾートの宿泊施設も入っていて、ここでもサイクリングを推している。

土浦は日本第二の広さを誇る湖・霞ヶ浦がある町だ。土浦がサイクリングの町になったという話は寡聞にして知らなかったが、きっと、霞ヶ浦一周サイクリングなどを楽しむ人たちの拠点として使われているのだろう。

そのまま駅の外に出てみよう。土浦駅の東口は、少し歩くと霞ヶ浦湖畔の土浦港が見える場所。その傍らには野球場や陸上競技場が設えられている。つまり、土浦という駅は完全に霞ヶ浦に接して設けられた駅というわけだ。そして、市街地が広がっているのは霞ヶ浦とは反対の西口になる。

橋上駅舎から西口に出ると、そのままペデストリアンデッキが駅前広場の真上を覆う。駅からまっすぐ直結しているのは、なんと土浦市役所だ。駅前のＵＲＡＬＡというビルに市役所がそのまま入っている。ビルの屋上にはでかでかと「土浦市役所」と掲げた看板もある。市役所が駅前という便利な場所にあるのは悪くないが、さすがにこれはなかなか珍しいのではないか。

駅前の変化が象徴すること

実は、もともと市役所は別にあり、このＵＲＡＬＡにはイトーヨーカドーが入っていた。２０１３年にヨーカドーが撤退し、かといって新しく入ってくれる核テナントがあるわけでもなく、市役所がそのまま本庁舎として使うことになったのだ。

ひと昔前までは、土浦駅周辺にはほかにもマルイや西友などの商業施設があり、まさに茨城県南の中心都市にふさわしい、そういう駅前風景が広がっていた。それが00年代以降少しずつ撤退していき、いまの形になったのだ。地方都市ならではの悲哀が感じられるところである。

それでも、市役所の、つまりは駅のまわりにはオフィスビルや飲食店なども建ち並んでいて、それなりに人通りも多い。駅ビルの中のカフェではけっこうな人がくつろいでいるし、バスがロータリーにやってくる度にたくさんの人が吐き出される。

さらに、比較的新しそうな大きなマンションも目立つ。1時間30分もあれば都心まで行くことができるわけで、土浦から東京に通勤している人も少なくないのだろう。いずれにしても、土浦駅前はごく普通の、いわばありふれた地方都市の駅前そのものという顔である。

城下町であり宿場町であり港町でもあった「土浦」

もともと土浦とはどんな町だったのだろうか。江戸時代の土浦は、土浦藩9万5000石の城下町だった。そして、水戸街道の宿場町であり、霞ヶ浦の港町であった。つまり、城下町・宿場町・港町という3つの顔を持つ町だったのである。

中でも、港町としての役割は小さくないものがあったようだ。土浦の港を出た船は霞ヶ浦を横断して佐原付近で利根川に入り、そこから上流方面へと遡って江戸を目指した。地図で辿るとずいぶん遠回りをしているように見えるのだが、水戸街道を歩くよりもよほど早く江戸についたというから、舟運もあなどれない。

自転車を持ち込める星野リゾートが入った駅ビル

デッキで駅に直結する土浦市役所

町を貫くニューウェイ沿いにはやや空きの目立つモール

そして、舟運の拠点たる港町ということは、周辺から物資の集まる集散地だったということだ。だから、古くから土浦は商業都市としての一面を持っていた。それが明治以降にも土浦が茨城県南の中心都市として成長することにつながってゆく。

そんな時代の土浦の中心は、いまの駅前からは北西、歩いて15分ほど離れた土浦城周辺にあった。お城のすぐ北側にはお堀代わりの川口川が流れて霞ヶ浦に注ぎ、それと交差して水戸街道が通っていた。水戸街道が川口川と交わる場所には桜橋が架けられ、まさにそのあたりが土浦の中心だった。川口川は昭和に入ってからほぼ完全に埋め立てられてしまい、桜橋跡地は中央一丁目という名前の交差点になっている。

百貨店の誕生、軍都としての成長

明治以降の土浦の発展も、桜橋周辺からはじまった。水戸街道沿い、いまは中城通りと呼ばれている道沿いには金融機関がいくつも建ち並んだ。１９１７年には川口川沿いに土浦繭糸市場が開設される。繭の取引を行うための施設で、百貨店を兼業していた。豊島百貨店といい、繭市場が閉鎖されてからも百貨店は存続。戦後、経営者が代わって霞百貨店を経て京成百貨店になった。桜橋・川口川沿いを中心に発展した土浦の、まさにシンボルであった。土浦駅前からの駅前通りも、この川口川沿いに向かって設けられている。

さらに、1922年にはお隣の阿見村（現在は阿見町）に海軍の航空隊が設置される。海軍の航空隊員の訓練を行う施設であり、世界一周中の巨大飛行船・ツェッペリン号や「翼よ、あれがパリの灯だ」のリンドバーグも訪れている。ツェッペリン号がやってきたときには常磐線に臨時列車が運転され、30万人もの見物客がやってきたという。

かくしてさらなる発展の足がかりを得た土浦は、昭和に入って川口川の埋め立てに踏み切る。現代人の目線で考えると、町の中の川を残しておけば水郷都市として観光の目玉にもなり得ただろう。ただ、当時の人にすれば町の真ん中を流れる川は衛生面でもよろしくないし、何よりクルマも増えてくるとジャマになる。かくして川口川は戦前・戦後に2度にわたって埋め立てられて、ほとんど姿を消してしまった。

その埋め立てた川口川の廃川跡は、祇園町と名付けられ、周辺には豊島百貨店（京成百貨店）をはじめ、高島屋や小網屋など百貨店が建ち並び、まさに商都・土浦の中心としての賑わいを見せるようになった。今日はどこに行こうかと選べるくらいの百貨店、東京直結の鉄道ターミナル、海軍発祥の歓楽街。そうしたすべてが整った、土浦は押しも押されもせぬ茨城県南の大都市だったのである。

〝土浦の栄光の時代〟から〝つくばの時代〟へ

土浦駅北側、旧川口川沿いのニューウェイ高架下には、モール505という商業施設も開業した。専門店が多く、ショッピングモールのハシリといっていいかもしれない。しかし、いまになってモール505を歩くと、空きテナントばかりが目立つ。2階や3階にはエスカレーターや階段で通じているのだが、エスカレーターは閉鎖されたまま。利用する人やテナントが少なく、老朽化したのをそのままにしているのだろうか。

百貨店が集まって賑わいの中心だったエリアを歩いても、そんな時代の面影はまったく失われている。京成百貨店をはじめ、すべての百貨店は土浦から消えた。京成百貨店の跡地は更地になっていまは駐車場に変わってしまった。

土浦の町が大きく変わったきっかけは、つくば万博であった。つくば万博前後から、筑波研究学園都市の開発が急速に進む。すると、茨城県南の人口比重が一気につくば市方面へと移っていった。あげく2005年につくばエクスプレスが開業すると、〝陸の孤島〟というつくば最大の弱点が解消され、むしろ東京へのアクセスにおいては土浦を上回る事態になった。人の流れは大きく変わり、土浦は周囲の人々が集まる都市としては存在感を低下させていったのである。そういう意味で、土浦の商都としての役割はほとんど終わったといっていい。

と、後ろ向きのお話ばかりになってしまったが、いまの土浦も存在感は薄らいでいない。駅の周りを中心に、マンションが次々と出来ている。商都としての役割を終えても、ベッドタウンとして、そして観光都市としてならばポテンシャルは大きい、というわけだ。実現するかどうかはさておき、つくばエクスプレスが土浦まで延伸する計画もあるという。

土浦には江戸時代からいまに続くまでの日本の歴史が凝縮されている。お城と宿場町、港町としての面影。街中を流れる川を埋め立てて商業地として花開くも、いまはひとつもなくなった百貨店。そして駅の周りの高層マンションたち。土浦の町を歩くだけで、日本という国がどのように歴史を刻んできたのかが手に取るようにわかるではないか。そう思うと、歴史に揉まれ続けてきた土浦という町が、なんだかとても愛おしく感じられてくるのである。

第2章
関西圏の「ナゾの終着駅」

千里中央
中津
雲雀丘花屋敷
桜島
日根野
野洲
亀山

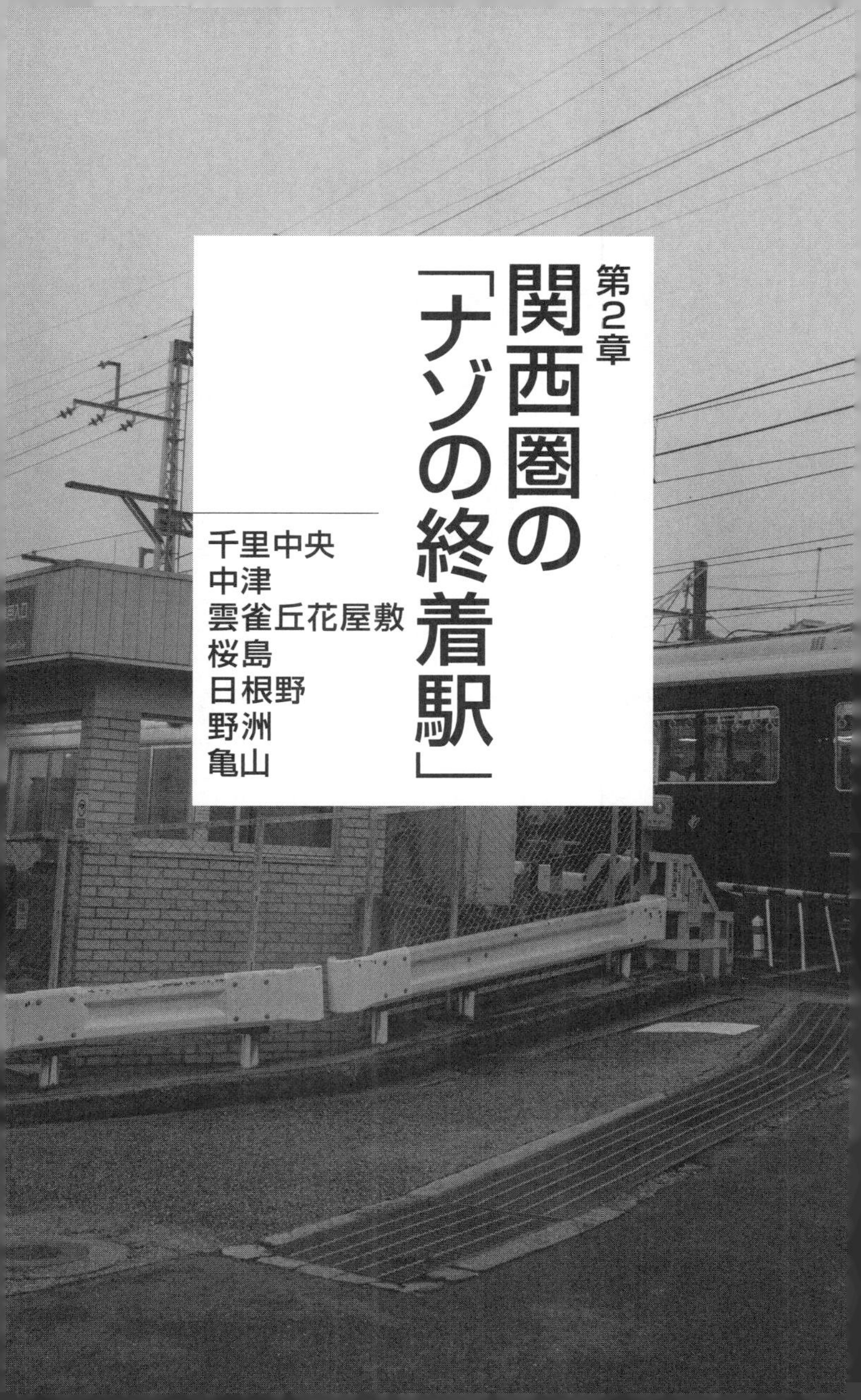

――千里中央　50年後のニュータウン

以前、千里中央駅にやってきたときは、終着駅だった。

新大阪駅で新幹線を降りて、地下鉄の御堂筋線に乗り継ぐ。だいたいの場合は大阪の中心部、梅田やなんば、天王寺方面に向かう電車に乗るのだが、千里中央駅はそれとは反対の終着の駅。だから、大阪の人はもとより新幹線でたまに大阪にくるような人にとっても、千里中央という駅は気になる駅のひとつとしてすり込まれているに違いない。

千里中央駅、近くに住まいや職場があるわけでもない限り、まず訪れる機会はないだろう。全新幹線ユーザーにとってのナゾの駅。千里中央駅は、そう位置づけられる駅だった。

ここでいくらか細かい話をしておくと、地下鉄御堂筋線は江坂～なかもず間を結ぶ。途中には新大阪や梅田はもちろん、淀屋橋に心斎橋、なんば、天王寺といった大阪を代表する町が目白押しという、押しも押されもせぬ市内交通の大動脈だ。

そんな御堂筋線が北に伸びて、江坂駅以北は北大阪急行という別路線になる。１９７０年に千里丘陵で開かれた大阪万博に合わせ、来場者輸送のために建設されたのがはじまりだ。当時から御堂筋線の電車はすべて北大阪急行に直通しているから、実質的には御堂筋線の一部といっていい。万博終了後に現在の位置に千里中央駅が開業して以来、半世紀以上にわたって御堂筋線の終着駅であり続けてきた、というわけだ。

ところが、2024年の春に北大阪急行が箕面萱野《みのおかやの》駅まで延伸。それまで千里中央駅発着だった電車はすべて箕面萱野行きになって、新大阪駅で千里中央駅の名を見ることはなくなってしまった。

だから、本書の趣旨からすれば行くべき駅は箕面萱野駅、ということになる。ただ、箕面萱野駅は新しすぎる。終着駅に期待しがちな寂しさや郷愁といった要素はまだ持ち合わせていない。御堂筋線ユーザーにとって、まだ千里中央駅が終着駅のような感覚なのではなかろうか。だから、まずは千里中央駅からはじめようと思う。それにいちおう、大阪モノレールの彩都線、朝夕は千里中央駅を終着とする列車が走っていますしね。

千里中央駅は新大阪駅からたったの15分。新御堂筋をまっすぐ北に向かって走る。ずっと新御堂筋を行き交うクルマと仲良く並んで走って、千里中央駅の手前で地下に潜り、大阪中央環状線・中国自動車道と新御堂筋が交差するインターチェンジの下を抜けると駅に着く。地下のホームの真上は改札フロアまでどーんと吹き抜け。ホームを見下ろすように通路があって、どことなくおしゃれな雰囲気だ。これが大阪、北摂のターミナルということか。

千里中央駅は「せんちゅうパル」という商業施設に包まれている。改札口を出て上っていくと、南北に細長いせんちゅうパルのだいたい真ん中に出る。吹き抜けのエスカレーターまであって、外のペデストリアンデッキに出てみると正面には阪急百貨店が鎮座していた。せんちゅうパル自体もまるで神殿のようなデザインで、やはり千里中央は上品さを感じさせる駅なのである。

見下ろす閉鎖された〝廃墟〟

ペデストリアンデッキから駅の周りを見上げてみると、背の高いビルがいくつも取り囲んでいる。タワマンなのか、それともオフィスビルなのか。駅のすぐ北にはヤマダデンキ。その周りは緑の多い住宅地だ。一見するといかにも古い昭和の団地があったり、比較的真新しく見えるマンションがあったり。小さな子どもを連れたお母さんが歩いていたり、お年寄りが集まって歩いていたり、商業施設と背の高いビルに囲まれた駅から2分も歩けばのどかな住宅地が広がっている。

千里中央駅には御堂筋線（北大阪急行）に加えて大阪モノレールも乗り入れている。

モノレールの千里中央駅に向かっては、せんちゅうパルの中を抜けて南に歩いていけばいいと案内されている。言われたとおりに歩くと、ほどなくせんちゅうパルの外に出て、広々としたデッキの上を進むことになる……のだが、そこで目に入ったのは巨大にして存在感はバツグンなのに、まったくひとけがなくて閉鎖されている廃墟状態の建物であった。

千里中央の駅前に広がるこの建物、2019年まで営業していた千里セルシーという商業施設だ。開業したのは千里中央駅から遅れること2年後の1972年。以来、半世紀にわたって千里中央の町のシンボルのひとつだった。

ピーク時には120ものテナントが入っていて、他にもボウリング場にプール、サウナ、映画館。中央のセルシー広場ではアイドルなどのコンサートイベントもたびたび行われていたという。

千里セルシーでイベントをやったアイドルや歌手はまさに錚々たる面々で、古くは堀ちえみ、光GENJI、比較的新しいところではモーニング娘。、三代目J SOUL BROTHERSも千里セルシーでパフォーマンスを披露している。2011年2月にAKB48のユニット・渡り廊下走り隊7がやってきたときには7000人が集まり、2013年にはEXILEが1日1万枚ものCDを売り上げた。

何でもこの千里セルシーのステージでイベントをすると〝売れる〟というちょっとした都市伝説のようなものもあったというから、駆け出しのアーティストやアイドルにとっての聖地だったのだろう。

しかし、いまの千里セルシーはすっかり廃墟になった。閉鎖されたのだから当たり前なのだが、せんちゅうパルのデッキから見下ろすひとけのないステージはなかなかに切ない。120もあったテナントは末期には60店舗にまで減り、最後は老朽化を理由に閉鎖されてしまった。

大阪市の人口が100万人増加した1950年代

千里中央には他にもせんちゅうパルに阪急百貨店があり、加えていまや廃墟と化した千里セルシー。北摂のターミナルらしく、いくつもの商業施設が駅を取り囲む。これはいったいなぜなのだろうか。

古い航空写真や地図を見れば一目瞭然、1960年代はじめごろの千里中央駅付近はほとんど何もない丘陵地であった。雑木林がほとんどで、筍や果樹が特産だったという。開発がはじまるまでは、大阪府のモデル果樹筍産地に指定されているくらいだった。

廃墟状態のセルシー。数々のアイドルが立った伝説のステージのいま

大通りをわたると団地がずらりと並ぶ

だが、1958年に千里ニュータウンの開発が決定する。

戦争直後の混乱期を抜けて、朝鮮戦争の特需景気がはじまると大阪の人口が爆増。大阪市は1950年代の10年間で約100万人も人口が増えている。とうぜん住宅不足が社会問題化し、戦前までは田園地帯だった周辺都市が続々と都市化してゆく。

しかし、10年で100万人も増えた人口を吸収するのにはとうてい間に合わない。そこで雑木林に覆われていた千里丘陵を大規模なニュータウンに改造することが決まった。開発当初の計画では千里ニュータウンは1150ヘクタールの敷地に15万人が暮らす町。もちろん交通機関の整備も重要なテーマで、そのひとつが地下鉄御堂筋線の延伸であった。

ただし、千里ニュータウンが1962年にまちびらきをした時点では御堂筋線の延伸は果たせておらず、まず先行して阪急千里線が延伸、加えて路線バスによってニュータウンの交通を担っていた。

そうして開発が進む最中の1965年に千里丘陵は万博の開催場所に決定。御堂筋線の延伸は、1970年の万博開催に合わせて進められることになったのだ。

かくして1970年、千里ニュータウンの中心として千里中央駅が開業する。北大阪急行は万博へのアクセスを最初の役割にしていたから、千里中央駅は仮の駅舎。大阪中央環状線に沿って万博会場（いまの万博記念公園）まで線路を延ばしていた。

万博期間中、北大阪急行は実に4148万1175人もの来場客輸送をしたという。とりわけ閉幕間際の9月5日には、終電出発後にも駅周辺や会場内に約15万人のお客が残ってしまうほどの混雑ぶりだったとか。とにかく北大阪急行は、開業するやいなや万博によって大いに面目を施したのである。

万博後の黄金期

万博閉幕後、千里中央駅は現在の場所に移って本格的に終着駅となり、現在のせんちゅうパルや阪急百貨店なども開業。遅れて1972年には千里セルシーも誕生し、名実ともに千里ニュータウンの中核になっていく。

すでに1964年に開業していた東海道新幹線の新大阪駅と15分という利便性もまた、千里中央にとって大きな強みだったのだろう。計画の15万人には及ばなかったが、1975年にはニュータウンの住民が約13万人に達する。その中心の千里中央、いくつ商業施設があっても、余ることはない。千里セルシーも、そうした中で歴史を刻んできたのだ。

50年でニュータウンは「オールドタウン」に

千里ニュータウンに入居したひとたちは、多くがいわゆる核家族であった。ニュータウンというと近所づきあいに乏しい無機質な町というイメージを抱く人もいるかもしれないが、時代は昭和。団地の中で同じ階段を共有する人たち同士で旅行に行くほど親密な関係性を築いていたという。

最初はフロなし住宅も多かったが、1970年代以降増改築が行われてフロもできた。全戸水洗トイレも特徴のひとつで、家の近くには日常利用に便利なスーパーもあって、千里中央に行けばレジャータウン。緑地も多く、当時の住環境としては実に恵まれていた。ただ、それが祟った……というと言葉が悪いが、住環境の良さは住民が長く定着する結果をもたらした。住民の入れ替わりがほとんどなく、新陳代謝が進まなかったということだ。そうして1980年代から住民の高齢化という課題が浮上し、いつしか〝オールドタウン〟などと呼ばれるようになってしまう。

千里中央駅の周りを歩いていると、実に古めかしい昔ながらの団地群があるかと思えば、すっかり装いを改めた真新しいマンションのような建物も見える。うまく建て替えに踏み切れたところと、そうでないところ。日本中の団地が抱えているコントラストを、千里中央も抱えている。

そうした時代の変化は、駅を取り囲む商業施設にも影響を及ぼす。かつて万博の会場で、2009年までエキスポランドとして営業していた一帯が再開発。2015年にららぽーとEXPOCITYとしてオープンした（2022年にリニューアル）。ららぽーとという家族でクルマで遊びに行ける施設ができれば、そちらに人が流れるのもとうぜんのこと。50年の歴史を刻む千里中央と比べれば、若い人たちにとってもEXPOCITYのほうがいいにきまっている。

こういった事情もあって、千里セルシーが〝新しい町のレジャーセンター〟だった時代は過去のものになった。老朽化なりなんなり、閉鎖された理由は別にあろうが、いまの千里中央駅前の千里セルシーは、そういったニュータウンの栄枯盛衰を象徴しているのかもしれない。

千里中央は、いわば〝落日のターミナル〟といっていい。2024年、北大阪急行が延伸して終着駅ではなくなったのも、まるでそうした状況を象徴しているかのようなできごとでもあった。

“本当の終着駅”箕面萱野駅まで足を伸ばすと……

では、新しく生まれた終着駅、箕面萱野駅はどうなのか。

箕面萱野駅は、「みのおキューズモール」という大型商業施設に直結している高架の終着駅だ。すぐ北には北摂の山々が迫って見えて、箕面の中心市街地（阪急箕面線箕面駅付近）をはじめとする各方面への路線バスも分かれている。

みのおキューズモールは、千里セルシーの廃墟化とは裏腹に、まったく多くの客で賑わっている。実は開業は2003年とちょっと古いのだが、駅の開業によってさらに集客力をアップさせた。映画館も入っているような、北摂一帯でも最大規模の商業施設だ。

箕面萱野駅まで足を伸ばし、みのおキューズモールの賑わいの中に身を置くと、どうしても考えずにはいられない。千里セルシーも、1972年の開業時、千里ニュータウンが最も活気に満ちていた時期には、いまのみのおキューズモールに勝るとも劣らない賑わいだったのではないか、と。

時代の変化は、ときに残酷である。いつしか箕面萱野駅も大きく姿を変える日がやってくるのかどうか。それはまだ、遠い未来の物語である。

近隣へのバスターミナルでもある箕面萱野駅

若い家族連れで賑わう箕面萱野駅前のショッピングモール

——中津　〝厄介な〟終着駅＆激狭ホーム

終着駅というのは、必ずしも遠くにあるわけではない。電車の中で眠ってしまって目が覚めたときには……なんていう、最果ての終着駅ばかりではない。ここで取りあげる駅は、もしかすると最果て以上に厄介な終着駅かもしれない。大阪メトロ御堂筋線、中津駅だ。

御堂筋線の存在感は改めて語るべくもないが、なぜかこの大動脈地下鉄路線には、朝と夕方に「中津行き」という厄介な電車が4本に1本の割合で走っているのだ。

「うわ、中津行きかよ」

なぜ中津行きが厄介なのか。梅田やなんば、天王寺から電車に乗って新大阪を目指しても、中津駅は梅田駅のひとつ先。だからとうぜん新大阪まではたどり着かない。御堂筋線に乗りなれていない人が「これに乗ったら新大阪に行けて新幹線に乗れるな」と思って誤って中津行きに乗ってしまったら、もう大変なことである（まあ中津から新大阪まではたかだか2駅なのだが）。

乗ってしまわなくても、さあ新幹線と思って御堂筋線のホームにやってきたのに、先に来るのが中津行きだったらちょっとショックだ。実際のところは5分も待たずに次の電車が来るのだから、たいした実害はない。それでも「うわ、中津行きかよ」と心の中で舌打ちしてしまうのが、人間なのだ。

そんな〝厄介者〟の中津は一体どんな駅なのだろうか。梅田駅から地下鉄にひと駅だけ乗って、訪れてみた。

するとそこには……などともったいぶるほどのことはなくて、ごく普通の地下鉄の駅であった。中津駅がある場所は梅田駅（ＪＲでは大阪駅である）の少し北。御堂筋線は地上に出て新御堂筋と並んで走って橋で淀川を渡るのだが、その直前の地下駅が中津駅だ。地下のホームから改札を抜けて階段を登って外に出ると、周囲には背の高いビルがいくつも建ち並ぶ。どちらかというとマンションよりはオフィスビルのほうが多いのだろうか。スーツ姿のビジネスマンも目立つ。

そのまま駅の出入口から少し南に歩くと、阪急電車の高架と国道１７６号の高架が横たわっているのが見える。１７６号の高架の下をそのまま南に歩いて行けば、10分ほどで大阪駅・梅田駅。１７６号は大阪駅のＪＲ線の高架をくぐった先からは御堂筋と名乗る。大阪の南北を結ぶ、大動脈だ。

176号には阪急の高架も並行する。阪急電車の東側は、「茶屋町」と呼ばれる繁華街。明治から昭和初期にかけては凌雲閣という9階建ての建物があり、梅田のシンボルになっていた。いまは一帯に阪急系列の商業施設が多く建ち並び、阪急町の様相を呈している。阪急電車の高架下は阪急三番街だ。

つまり、中津駅はそうした梅田の町と地続きの駅、というわけだ。実際、中津駅のすぐ近くにも「梅田」の名を冠するホテルやビルがある。少し打ち明けると、私も大阪に出張に出かけたときには、中津駅に近い東横インに泊まることが多い。梅田駅や大阪駅も徒歩圏内、それでいて御堂筋線ならすぐに乗れるから交通の便が悪くない。そんなわけで、中津は事実上、梅田の一部といっていい。

もうひとつの「中津駅」と〝ものすごく狭いホーム〟

さて、このように大都会の町中に佇む（と言っても地下駅であるが）中津駅。ところが、「中津」と名乗る駅はこの御堂筋線の駅だけではない。ごく近くに阪急の中津駅もある。国道176号をそのまま梅田方面とは反対に歩いてJRの梅田貨物線を跨ぐとすぐ隣に阪急電車の中津駅が見えてくる。御堂筋線の中津駅と同じように、実に小さな大ターミナルの隣の駅である。

ただし、国道176号からは直接阪急中津駅に入ることはできない。手の届きそうなほど近くにあるのに、いったん176号の高架から階段を降り、薄暗い阪急電車の高架下の改札へ。阪急電車といったら、品格のあるマルーンカラーがおなじみだ。

が、中津駅はそうした上品なイメージとは対極というか、薄暗いガード下はいかにも〝昭和〟。およそ阪急の駅があるとは思えないような、一見客が入るには勇気が要りそうな立ち飲み屋のすぐ脇に改札口に通じる階段が設けられている。つまるところ、大ターミナル・梅田のお隣とは思えないほどのさみしげな駅なのである。

阪急の路線は、梅田駅から淀川を渡った先の十三《じゅうそう》駅まで神戸線・宝塚線・京都線の3路線が並走、十三駅で3方向に分かれていく。中津駅はこの3路線並走区間の途中の駅。ただ、京都線の線路にだけはホームがなく、停車するのは神戸線と宝塚線だけである。そしてこのホーム、実に狭いのだ。

3路線が並走する区間に作ったからなのか。神戸線・宝塚線それぞれに1面の島式ホームがあるのだが、2本の線路の隙間に無理やり押し込んだかのように細長い。電車を待っていると「黄色い線の内側でお待ち下さい」などと注意アナウンスを聞くことがあるが、阪急中津駅では黄色い線の内側は黄色い線の外側よりも狭いくらいだ。

その上、あろうことか中津駅はほとんど各駅停車しか停まらず、特急や急行はさっそうと通過していくから恐ろしい。通過電車は比較的ゆっくり走っていくので危ないというほどのことはないのだが、少し気をつける必要はありそうだ。

消えた貨物ターミナルとたくさんの学校

今度は阪急の中津駅から国道176号を潜り、少し南側に歩いてみよう。阪急電車から176号を挟んだ南には、かつて梅田貨物駅があった。大阪駅と一体となって、貨物の取り扱いを行っていた駅だ。2013年に廃止され、現在は再開発ですっかり見違えた。おおさか東線や特急「はるか」などが停車する地下ホームが新設され、商業施設の整備も進む。すぐ脇にはオフィスビル群が建ち並び、大阪駅前にはご存知の通りヨドバシカメラ。ヨドバシカメラのデッキに立つと、大阪駅の向こう側には阪急百貨店と阪神百貨店が並んでいるのがよく見える。

大阪は梅田、いわゆる〝キタ〟の大都会。中津駅は阪急だろうが地下鉄だろうが、そうした大都会の隅っこで、その余禄を食《は》んでいるような駅、といったところだろうか。

20世紀にタイムスリップしたかのようなホームまでの階段

人がひとり立つのがやっとの阪急
中津駅のホーム

高層ビル群に囲まれる御堂筋線
中津駅の出口

大阪駅は、1874年に開業した。同時に大阪〜神戸間で関西初の鉄道が開業しており、関西では最初のターミナルのひとつだ。その当時の大阪駅周辺は、いまとはまったく違って都市とは無縁、墓地や田畑が広がるような未開の地だったという。そこに駅ができたことで、大都市・大阪の玄関口となって発展していった。梅田貨物駅は1928年に大阪駅から分離独立して誕生している。

貨物駅があった大阪駅の北側は、文教地区としての側面もあった。明治の末ごろから多くの学校が進出したのだ。交通の便に恵まれているということ、また土地に余裕があったことが理由なのだろうか。阪神電車や阪急電車の開業によって、交通の便はさらに向上し、それらの沿線から通学する生徒たちもいたことだろう。そして同時に、繁華街としても形を整えていった。

横浜を「反面教師」にした大阪

大阪駅が町外れの未開の地だったこの場所に設けられたのは、京都から大阪を経て神戸までの直通運転を実現するためだった。すでに先行して開業していた横浜駅は、港湾部近くに置かれたことで西への延伸に当たってスイッチバック（方向転換）を余儀なくされていた。その失敗を活かし、多少中心部から離れていても通過タイプのターミナルにすることで、運転上の利便性を実現した、というわけだ。

それが、結果として大阪に新たな中心を生み出し、いまの〝キタ〟の繁栄につながった。難波を中心とする〝ミナミ〟は古くからの大阪の中心部。それに対し、あとから生まれたキタの発展は、大都市・大阪の発展の象徴といっていい。中津駅も、そうした文脈の中にある小駅のひとつなのである。

――雲雀丘花屋敷　駅統合〝運命のジャンケン決戦〟

阪急電車は、大阪梅田駅をターミナルとして三方向に分かれてゆく。東に向かうのは京都線、西に向かうは神戸線。そして、北を目指して走るのが宝塚線だ。どれもこれも同じような阪急マルーン、あずき色の電車が走っている。

その中で、どれがいちばん〝阪急らしい〟のか。だいぶ無粋な問いであることは承知の上で、少し考えてみよう……。と、沈思黙考してみたが、答えはすぐに出た。やっぱり、宝塚線ではないかと思う。

というのも、まず第一に宝塚線は阪急の創業路線である。1910年に当時の箕面有馬電気軌道によって開業し、同時に沿線の宅地開発を進めていった。ターミナルの梅田には百貨店を開き、終点の宝塚には温泉を中心としたレジャー施設も整えた。1913年には宝塚唱歌隊(現在の宝塚歌劇団)が誕生する。そうして阪急が道筋をつけたとされる、沿線開発と一体化した鉄道経営というスタイルが確立されていった。

そんな歴史を抱えているのだから、宝塚線はまさしく阪急そのものといっていい。

路線としては京都線や神戸線と比べれば距離も短いし、列車種別も日中は急行と各駅停車だけというシンプルなもの。それでも、沿線の空気感を含めてザ・阪急。そんな路線が、宝塚線なのだ。

そもそも「雲雀丘花屋敷」は何と読む？

そして、やってきたのが雲雀丘花屋敷駅である。

阪急宝塚線は、日中は急行が宝塚行き、各駅停車が雲雀丘花屋敷行きに分かれている（ちなみに急行は各駅停車の9分後に梅田駅を発車し、途中で追い抜くことはない）。だから、宝塚線ユーザーに限らず、阪急電車を愛用している人なら決まって「雲雀丘花屋敷」という漢字6文字のこの駅の名を目にしたことがあるはずだ。ちなみに読み方は、「ひばりがおかはなやしき」。

私もかつて京都に住んでいたことがあって、阪急電車はよく使っていた。宝塚線に乗る機会はめったになかったけれど、「雲雀丘花屋敷」の行き先表示は梅田駅でよく見かけていた。その表示を見て、心の中で「うんじゃく……？」などと首をかしげた記憶がある。やたら画数の多い漢字6文字の難読終着駅、なんとも気になる存在なのだ。

というわけで、実際に雲雀丘花屋敷駅を訪れた。阪急宝塚線の各駅停車で豊中や池田といった北摂の住宅地を抜けて、約30分で雲雀丘花屋敷駅に到着する。乗客を全員降ろした電車はそのまま駅の西側にある車庫に向かって去ってゆく。

学生専用階段に〝阪急らしい〟高級住宅地。ただ……

今も反転フラップ式（文字の書かれた板がパタパタと回転するアレ）の発車案内があるホームから改札口へは階段を降りて地下通路を通る。駅舎はホームの東側とほぼ中央に2カ所あり、さらに西側には「学生専用」と看板が掲げられた階段もあった。そこからは小学生から高校生までまさに学生たちが盛んに登ってくる。駅の南西に雲雀丘学園という私立校があって、そこに通う子どもたちが利用するために出入り口が設けられているようだ。

私がその出入り口に行けるわけもなく、ホーム中央部北側に位置する出入り口に向かう。取り立てて特徴があるわけでもない武骨な駅舎から外に出ると……そこはひばりがさえずる田園地帯でもなければ遊園地があるわけでもなく、ただの住宅地であった。

駅前のロータリーもなく、駅舎のすぐ目の前に大きな家（邸宅と呼ぶのがふさわしい）が建つ。さらに少しあたりを歩き回ってみると、建ち並んでいるのは大きく立派な家ばかり。そう、雲雀丘花屋敷駅の周辺は高級住宅地なのである。

つい目で追ってしまう「パタパタ式」の案内板

近隣の生徒が利用する学生専用口

駅周辺は邸宅が建ち並ぶ高級住宅街

町を歩きながら、さすが阪急沿線だなあと思う。阪急はその草創期、鉄道を通して沿線の宅地開発を行うという経営手法で規模を拡大してきた。その手法は首都圏でも現在の東急などが取り入れており、今や私鉄経営の王道。きっとこの町も、そうした阪急が開いた町のひとつなのだろう……。そう考えて調べてみたら、まったくの的外れであった。

もともと「花屋敷駅」と「雲雀丘駅」があった

もともとこの地域には、宝塚線開通とともに花屋敷駅が設けられた。その場所は雲雀丘花屋敷駅よりも少し東側。1910年の開業である。直前に開発された花屋敷温泉に因んで名付けられたものだという。

その後、北に長尾山の丘陵が広がるこの土地に目をつけた阿部元太郎という人物が中心となって、雲雀丘の宅地開発がはじまった。阿部は新住宅地の玄関口として、新たな駅の設置を要望した。そうして1916年に開業したのが、雲雀丘駅であった。今の雲雀丘花屋敷駅よりわずかに西に位置していたという。

そして駅を中心として高級住宅地・雲雀丘を築いていった。つまり、阪急が自ら手がけた町ではなくて、まったく別の人物によって開かれた町がルーツだったのだ。雲雀丘の駅前ロータリーには阿部の銅像が置かれていたというから、なかなか気合いが入っている。開発されたのは、洋風住宅と和風住宅が混在する、大正時代を象徴するような住宅地だった。山の斜面にへばりつくような一帯を開発したので、整然とした街路を整備するのは難しい。それでも、地形に沿った曲線道路は自動車が通れるような幅とカーブで設計されていたという。

まだまだ自動車など普及していなかった時代のお話である。それだけ先見の明があったともいえるし、切り開いた住宅に暮らす人たちにはクルマを乗り回せるほどの相当な資産家を当て込んでいたともいえる。いずれにしても、かなりの高級住宅地だったようだ。ちなみに、東京の田園調布を開発した五島慶太もしばしば雲雀丘に視察に訪れていたらしい。

1928年には新花屋敷温泉というレジャー施設のようなものが作られて、花屋敷駅から温泉までトロリーバスが運行されていたこともある。トロリーバスというのは架線から電気を取り入れて走るバスのこと。バスといっても法律上は鉄道（無軌条電車という）で、かつては東京や大阪などの主要都市でも盛んに見られた。そのトロリーバスが日本で初めて走ったのが、この花屋敷なのだとか。高級住宅地の一角も、実は日本の交通史に大きな足跡を残していた。

駅統合〝運命のジャンケン決戦〟

さて、雲雀丘花屋敷の町は、このように雲雀丘駅と花屋敷駅という2つの駅に挟まれるような場所に位置して発展してきた（いまでも地域名は雲雀丘と花屋敷に分かれている）。その両駅が合併して現在の雲雀丘花屋敷駅ができたのが1961年。どちらかというと雲雀丘駅の方に近かった。

こうした駅統合は中間に新駅ができればいいのだが、そうでない場合は場所で揉めるのが常。そこで雲雀丘と花屋敷それぞれの自治会長がジャンケン決戦、雲雀丘自治会長が見事勝利して、雲雀丘寄りの現在地に決まったという。

それでも納得できない花屋敷サイドは統合反対運動を繰り広げ、雲雀丘花屋敷駅が開業してからも約1年間は花屋敷駅が存続することになった。〝閑静〟という言葉がよく似合う高級住宅地の中の〝ナゾの終着駅〟にも、ドラマがあるものだ。

そんなわけで、雲雀丘花屋敷駅の旅も終わりである。他の終着駅とは違い、本来の路線の終点よりも手前にある駅だから寝過ごして行ってしまってもさほど被害はない（むしろそういう扱いの駅ではなく、宝塚に行きたいのに雲雀丘花屋敷行きに乗ってしまう方が被害はちょっと大きい）。

だからそういう意味では〝終着駅の旅〟としては少し異質だろう。けれど、京阪神で暮らして特に阪急を使っている人なら決まって気になる「雲雀丘花屋敷」。そこには、画数の多さ以上に興味深い歴史が詰まっていたのであった。

——桜島　USJの〝もう一駅先〟に何がある？

東にディズニーがあれば、西にはUSJがある。ユニバーサル・スタジオ・ジャパン。最寄り駅は、JRゆめ咲線のユニバーサルシティ駅だ。大阪環状線の西九条駅からJRゆめ咲線に乗り継いで、大阪駅からは30分もかからない。

JRゆめ咲線に乗っているお客のほとんどは、USJに向かう人ばかり。ディズニーに向かう京葉線は、あんがい普通のお客が多く、たどり着く前から浮かれ気分というのはちょっと気が引ける。その点、USJはゆめ咲線に乗り換えたあとならば、もう思いのままに浮かれ気分が許される（もちろんマナーは守りましょうね）ような、そんな空気感が電車の中から漂っている。

USJを尻目に「もう一駅先」に向かう

ユニバーサルシティ駅は、終点桜島駅のひとつ手前にある。だから、だいたいの客はユニバーサルシティ駅で降りてしまう。最後のひと駅、電車の中はガラガラに……。と、思ったら、あんがいそうでもなかった。

もちろん、浮かれ気分の大多数はユニバーサルシティ駅で降りてゆく。だから車内がだいぶ空くのは事実だが、それでもそこそこお客が乗っている。スーツケースを抱えている人もいるから、きっとホテルでもあるのだろう。また、ごくごく普通の身なりをしている人も少なくない。彼らはいったいどこに行くのだろうか。USJの向こう側、ゆめ咲線終点の桜島駅には、いったい何があるのだろうか。

などと思いを巡らすヒマもなく、電車はすぐに桜島駅に着く。橋上駅舎から改札口を抜けた先の駅前は……駐輪場だった。同じ電車で降りたお客はというと、駐輪場の間を抜けて先にゆく。線路の先端が道路の際まで迫っていて、そのフェンスに沿って歩いて行くと、USJの従業員用の通用口。そう、ユニバーサルシティ駅で降りずにそのまま乗りっぱなしだったお客の多くは、USJで働く人たちだったのだ。USJを訪れるお客はユニバーサルシティ駅で降り、働く人は向こう側の桜島駅へ。実にうまく棲み分けができている。

USJがウソのような駅前の静けさ

ユニバーサルシティ〜桜島間のゆめ咲線は、ちょうどUSJの外縁に沿うように走っている。USJの反対側には道路が通っていて、ホテルやZepp Osaka Baysideなどがある。

Zeppでライブがあるときは、桜島駅もそれなりに賑わうことになるのだろう。ゆめ咲線の線路は屋根ですっぽりと覆われていて、その上がちょっとした公園のようになっている。桜島駅前からはＵＳＪの内側の喧噪は、まったくわからない。電車に乗ってきた従業員たちの姿が消えてしまえば、西日本でいちばんのテーマパークのすぐ近くとは思えないほど、静かである。

桜島駅前に立って上を見上げると、とてつもなく高いところに道路が通っている。桜島駅、というかゆめ咲線の線路は、安治川に沿っている。安治川口～ユニバーサルシティ間には、線路の脇に貨物駅もある。貨物駅の向こうは安治川だ。そして終点の桜島駅も、すぐ近くに安治川が流れ、そのまま高いところの道路（阪神高速）の下を潜ると、ほどなく大阪湾に注ぎ出る。つまり、安治川のいちばん河口に位置する町が、桜島というわけだ。

駅から離れてＵＳＪの外縁を歩く。壁の向こうは夢の世界。その反対側には阪神高速が通り、それを潜った先には……ＵＳＪの華やかなイメージとは真逆の世界が広がっていた。古い団地に古い個人商店、そして大きな倉庫がいくつも建ち並ぶ。阪神高速の高架に阻まれて、およそＵＳＪが近くにあるとは思えない。さらに先に進んでいっても、似たような下町港湾部の倉庫街らしい風景が続くばかりだ。夢の世界のすぐ脇には、まったくの現実がある……ということなのだろうか。

古びた公営団地と倉庫の間を抜けて、安治川沿いに出る。その岸壁には「天保山渡船場」と小さな看板が掲げられている。昔から川が多く、水運が発達していた大阪は、令和の今でも船で川を渡る市営渡船が複数の場所で運営されている。そのひとつが、桜島駅のすぐ近くの倉庫街から出る渡し船。渡った先には、天保山がある。

日本で2番目に低い山とUSJなきころの面影

天保山は標高4・53mの築山で、日本で2番目に低い山だ。普通の山とは違って、海の際に人工的に作られた山。そんなものを山と呼んでいいのか、そもそも5mに満たない盛り上がりを山と呼んでいいのかという気もする。が、国土地理院の地図にもちゃんと「天保山」として記されているから、低かろうが人工だろうが、山は山なのだ。

天保山ができたのは、江戸時代の終わりごろ。上流から流されてきた土砂が川底に堆積し、船の通行に支障が出ていた安治川を浚渫《しゅんせつ》し、それで出た土砂を積み上げたのが天保山だ。名前の由来は天保年間に造られたから。当時は20mほどの高さがあり、大坂湾から安治川に入ってくる船にとっての目印になったという。周辺には桜が植えられて、江戸時代の大坂町民の憩いの場になったとか。

桜島もこのころにはすでに成立していたようだ。ただ、近代に入り、大型の蒸気船がやってくるようになると、安治川の河口付近はそれにはいささか浅すぎた。そのため、大型船は新しく開かれた神戸の港を利用するようになる。それでは大阪が廃れてしまうということで、大阪の人たちは新たに海上を埋め立てる築港の計画を立てた。１８９７年以降整備が進められ、安治川河口には大阪築港が形作られてゆく。

そして大阪の港湾部には、多数の工場が進出する。安治川対岸の桜島も同様で、きっかけになったのは１８９８年に開業した西成鉄道だ。大阪駅と安治川口駅を結ぶ私鉄で、これが現在のゆめ咲線にあたる。この鉄道開業で製鉄工場や鉄道車両の工場、造船工場などが沿線に建ち並ぶようになった。

いまでもゆめ咲線に乗ってＵＳＪに向かうとき、車窓からはいくつもの工場が見える。桜島駅の周辺にもたくさんの倉庫があった。それは、こうした工業地帯だった時代のものが、いまにも受け継がれているというわけだ。

西成鉄道は、１９０５年に安治川口駅からさらに港湾部に延伸し、天保山駅を開業させた。この天保山駅があったのが、おおよそいまの桜島駅あたり。駅名は対岸の小さな山か

存外に静かな駅前。写真右手には USJ の通用口がある

高架下では桜島と天保山が渡し船で結ばれる

ら頂いた。天保山と桜島の渡し船が運航をはじめたのも、1905年のことだ。1910年には天保山駅を廃止して、桜島駅に名を改めて近くに再開業。桜島駅はその後も何度か駅の移転を繰り返している。そのころの桜島駅の役割は、工場で働く人の通勤輸送、そして工場の原料や製品輸送であった。

桜島一帯がいま以上に工業地帯だったころ、そしてゆめ咲線も貨物輸送が中心だったころ。当時、線路はより内陸側を走っていた。線路が通っていたのはちょうどUSJのど真ん中。住友金属工業の工場の脇を抜けていた。

そのころの桜島駅は、現在のUSJの裏側、通りを挟んでセブンイレブンがあるあたりにあった。その先に延びる線路は、公園だったり新たに設けられた倉庫だったりに吸収されて、痕跡を見つけることは難しい。ただ、団地と公園と倉庫の間に、ゆったりとしたカーブを描いている細い空き地がある。きっと、これがかつての線路の跡なのだろう。

テーマパーク、観覧車、水族館……〝ナゾの終着駅〟に迫る変化

ゆめ咲線の線路が現在の場所に移設され、桜島駅が現在地に移ったのは1999年。その2年後、2001年にUSJがオープンしている。そうして港湾部の工業地帯の輸送を

支える武骨な路線から、ＵＳＪのお客を運ぶ浮かれ気分のレジャー路線へと役割を変えていったのである。

ＵＳＪもそうだし、ディズニーだって埋立地に設けられたテーマパーク。ディズニーの近くにも鉄鋼通りという武骨な町がある。細かい歴史はまったく違っているが、どちらもあんがい似たような性質の場所にある。テーマパークほど大規模なものではないが、新木場のageHaも芝浦のジュリアナ東京も、港湾部の倉庫街の中にあった。工業地帯や倉庫街は、なかなか普通の人が寄りつくようなイメージではない。が、音を出しても迷惑にならず、それでいて大きな土地を確保できるという意味で、使い勝手がいいのかもしれない。

そして、桜島駅は新しい役割を得ようとしている。２０２５年に大阪湾の埋立地・夢洲《ゆめしま》で万博が開かれる。桜島駅はそのアクセス駅のひとつとして、新大阪から直通の「エキスポライナー」が運行されるという。

桜島駅の近くから渡し船に乗れば天保山。天保山のすぐ隣には観覧車も海遊館もある。そこに万博も加わる。桜島駅、ただのＵＳＪの向こう側のナゾの駅、どころではないポテンシャルを持っているのかもしれない。

――日根野　5カ国語の看板が待ち受ける関西人〝恐怖の駅〟

わざわざ言うほどのことでもないけれど、関西の鉄道ネットワークは大阪が中心になっている。大阪駅や新大阪駅が北にあって、南側にはなんばや天王寺がターミナル。中心部をぐるりと大阪環状線が回っているのは、山手線を中心に置く東京ともよく似ている。そんな大阪にあって、天王寺駅をターミナルにして南方へ、つまり阪南地域や和歌山方面を目指しているのが、ＪＲ阪和線だ。

阪和線はすぐ脇にあべのハルカスもそびえる大阪市南部の天王寺駅を起点に南西に走り、和泉山脈を越えて和歌山駅までを結んでいる。関西国際空港に乗り入れる特急「はるか」や紀伊半島南部を目指す特急「くろしお」のほか、大阪駅から大阪環状線をぐるりと回って阪和線に入って和歌山行きの紀州路快速・関空快速がこの路線の代表列車。関西を代表する大動脈のひとつである。

そんな阪和線にあって、厄介極まる終着駅のひとつが、日根野駅である。

日中は区間快速、朝夕は各駅停車や快速が日根野行き。ついでにいえば、紀州路快速と関空快速は日根野駅まで併結して走り、ここで分割されてそれぞれの行き先に分かれる。

言い換えると、日根野駅は関西国際空港に向かう空港線との分岐駅という性質も兼ねている、というわけだ。

古墳を横目に天王寺から約40分

日根野駅まで、阪和線の電車は実にスピーディーに走ってゆく。大和川を渡れば大阪市から堺市に入り、世界文化遺産の百舌鳥・古市古墳群の代表格とも言える大仙陵古墳（仁徳天皇陵）を横目にさらに南西へ。紀州路快速ならば天王寺駅からおおよそ40分ほどで目指すところの日根野駅に到着する。

日根野駅があるのは大阪府泉佐野市だ。関西国際空港があること、またふるさと納税を巡るあれこれ議論紛糾も記憶に新しい。

とは言っても、泉佐野市の中心部は南海電鉄の泉佐野駅が近い。日根野駅は中心市街地とはかなり離れていて、どちらかというと町外れ。日根野駅の駅前風景だって、実にのどかなものだ。

少し古びた橋上駅舎から東側に出ると、広々としつつも閑散としたロータリーが広がり、その向こうには大きなマンションがいくつも建っている。日根野駅からは始発電車も走っているから、朝の通勤には必ず座れるというメリットもある。それでいて、大阪の中心部とも遠すぎるわけではなく、ベッドタウンとしての顔も持っているということか。

駅前の広場を歩いていると、その一角に阪和線の電車が描かれた小さな建物。なにかと思って近づいてみれば、どうやらトイレのようだ。駅前の公衆トイレを車両に模すあたり、車両基地のある〝鉄道の町〟らしい取り組み。こうしたところも車両基地とともにある終着駅らしさというべきだろうか。

なぜか踏切には5カ国語の看板が

などと思いながら駅前をうろついていたら、警報音とともにすぐ近くの踏切の遮断機が下りた。そして、英語や中国語、韓国語での音声放送も聞こえてくる。近づいてみると、踏切の横には日・英・中・韓の4カ国語に加えてタイ語も書かれた説明板。日本語を読むと、「警報機が鳴り始めたら踏切に入らないで下さい。踏切から直ちに出て下さい。」と書かれている。注意書きくらいならまだわかるが、音声でも注意を喚起するとはなかなかの徹底ぶりである。いったいこの、のどかな郊外の小さな駅がなぜこれだけインターナショナルなのだろうか。

クラシカルな橋上駅舎、終着駅の貫禄がバリバリ

踏切に設置された5カ国語の注意書き。聞こえる音声も国際色豊か

なんでも、鉄道に慣れていない外国人が踏切に侵入してしまうからなのだとか。こんなのどかな郊外の小さな駅の踏切に外国人が侵入とは、いかにも物騒なお話だ。

が、言われてみれば、日根野駅は関西国際空港に向かう関西空港線の分岐駅なのだ。駅のホームから南側を望むと、高架で右手（海側）に向かって分かれていく線路が見える。これが関西空港線。そうしたわけで、日根野駅にもインバウンドの外国人がやってくるという。日本人みたいに日常的に電車に乗って踏切も渡っているような人ばかりではない。ワケもわからず遮断機の下りた踏切に入り込んでしまうこともある、というわけだ。

「特にね、この踏切は長いんですよ。特急も走ってるし、車庫を出入りする列車も通るから。本数の多い朝なんてずいぶん待たされる。踏切なんて見たこともないような外国人なら、待てなくて入り込むのもわからんではないですね」

ちょうど踏切待ちをしていた地元の人に聞いたら、こんな答えが返ってきた。日根野駅は大阪方面から併結されて走ってきた紀州路快速と関空快速が分割されて立て続けに出発するような駅でもあるから、遮断機が下りている時間がどうしても長くなってしまう。日根野駅を訪れていた2時間ばかり、ついぞ外国人観光客に出会うことはなかったけれど、こうした踏切のインバウンド対策も鉄道の安全のためには欠かせないのだろう。

かくのごとく、マンションやイオンがあったとて、およそ日本を代表する空港の玄関口とは思えないような、日根野の駅である。駅の周囲は商業施設があったりもして、それなりに市街地が形成されている。しかし、少し歩けばもう田園地帯。天下の台所・大阪も、南に行けばこういう町も広がっているのかと思うような、のどかな風景が広がっている。

「摂関家の荘園」だった面影

この田園地帯は、元を辿ると日根野という町のルーツそのものだ。

古く、日根野一帯はまったく未開の土地だった。そこに進出したのが、五摂家のひとつ、九条家だ。鎌倉時代、日根野一帯に九条家の荘園・日根荘が成立する。現在の泉佐野市全域に及ぶような、広大な荘園だったという。九条家は、広大な荘園を開発、ため池や水路を整備して、田園地帯へと生まれ変わらせた。日根野駅の周囲にも、かつてはため池があったという。

駅前から南東に向かって30分ほど歩いた町外れ、日根神社という立派な神社が鎮座している。創建は神代の昔、現在の本殿や拝殿は豊臣秀頼によって再建されたという古社だ。隣接している慈眼院の多宝塔は、国宝にも指定されている。明治時代の神仏分離で日根神社から独立したが、もとは天武天皇の時代に建立されたもの。天武天皇の御代は7世紀の後半だから、少なくともそのころから日根神社は一定の存在感を保っていたということになる。周囲には、小さな門前町などができていたのだろうか。

そうした中に、摂関家の荘園が成立し、田園地帯として歴史を刻む。さすがに日根野駅の周囲はだいぶ様相を変えているけれど、山間に近いエリアには荘園時代の面影がまだ濃厚に残されていて、「日本遺産」にも登録されているという。

終電で寝過ごしても「ホテルはあります」

と、大阪の中心部から40分ほどでやってくる阪和線の終着駅・日根野駅。インバウンドの香りとベッドタウン、そして中世以来の田園地帯が残る荘園の町であった。

などといっても、実のところインバウンドの雰囲気は町を歩く限りではあまり感じることができない。少なくとも、外国人観光客と遭遇することはなかった。駅の近くにはホテルがあるが、わざわざ泊まる人がいるのかどうか。ただ、終電間際に寝過ごして日根野駅までやってきてしまった人にとっては、ありがたい存在かもしれない。もちろん、ホテルに空室があるかどうかはまったく保証できないけれど。

――野洲　琵琶湖のほとりで始まる〝ナゾの実験〟

言うまでもなく、野洲《やす》駅は京阪神における〝ナゾの終着駅〟の筆頭である。ナゾの終着駅番付があるとすれば、西の横綱にその名を書いても文句は言われまい。

京都駅から米原方面の新快速に乗ると、日中は毎時３本中１本が野洲駅を終着とする。列車の本数が増える夕方から夜にかけてもおおよそ半数が野洲行きだ。野洲よりも米原寄りに住んでいる人はなんでおらが村に新快速は行かないのかとほぞをかみ、野洲より手前に住んでいる人は本数も多くてありがたや。とにかく、野洲駅は関西を代表する通勤電車・新快速の終点なのである。

首都圏でいえば八王子あたり？

とはいっても、関西、それも滋賀に住んでいる人でもなければ野洲駅がどこにあるのか、ピンとこないだろう。滋賀県は琵琶湖の南側、野洲川が作り出した琵琶湖のほとりの沖積平野の町である。野洲という地名も、沖積平野を意味する古代の言葉が由来だとか。南に少し行けば草津（温泉はありません、念のため）、北に少し行けば水郷都市の近江八幡だ。

京都駅からは新快速に乗って約30分、大阪からは約1時間。首都圏でいえばなんとなく八王子あたりをイメージしてもらえれば、距離感はつかめるのではないかと思う。なので、京都や大阪で働いている人にとっても充分に通勤圏内といっていい。むしろ野洲駅は始発の新快速が運転される駅だから、是が非でも座って通勤したい諸氏には絶好の居住地である。

滋賀県は新快速パワーによって京阪神への通勤圏内として飛躍的に人口を増やしてきた。その中でも始発列車のある野洲駅周辺は最高の環境だ。そんな座って通勤民垂涎の駅、いったい何があるのだろうか。

野洲駅はどこにでもあるような橋上駅舎の駅だ。滋賀県内の駅はとにかく橋上駅舎が多く、どれも似たような雰囲気だから、続けて訪れていると、ともすればどれがどれだか区別がつかなくなってくる。

ただ、どんな駅も探せば個性はあるもので、野洲駅も外に出てみると他の駅とは明らかに違う〝らしさ〟を見せてくれる。

橋上駅舎なので出入り口は南北に2つ。ホームの上からも駅の周りに背丈の高いマンションがあることがわかるが、まずは北側に出てみよう。琵琶湖のある方面だ（琵琶湖はかなり遠いので見えません)。

すごく広いというわけではないがそこそこの規模のロータリーがあって、その周囲には小さいながらもチェーン店から個人経営までいくつかの飲食店がある。中にはスナックのような店がいくつか入居している雑居ビルもあるようだ。さらに、営業しているのかどうかはわからないが、古ぼけたビジネスホテルの看板も見える。昔ながらの駅前旅館がルーツなのか、高度経済成長期以降の産物なのか。

単なる住宅の町ではない「顔」

それにしても、駅前のスナックやビジネスホテルは、純然たる住宅の町にはふさわしくない。となれば、野洲は単なる住宅の町ではないということになる。そう思って、北側の広場から少し歩く。ほんの5分も歩いていないうちに、答えがわかった。野洲駅のすぐ近くには、京セラの工場があるのだ。京セラの工場の奥にはオムロンの工場もある。そう、野洲駅は住宅のためだけの町ではなく、工場の町だったのだ。

野洲駅近くの京セラの工場、これはかつて日本IBMの工場だった。操業を開始したのは1971年のこと。つまり、まさに野洲は高度経済成長期に〝工場の町〟になっていったというわけだ。

くだんのビジネスホテルはそうした時代に出張ビジネスマンのためにできたものなのだろう。駅前のスナックは工場で働く人たちの仕事帰りの一杯のため。住宅地としての野洲の発展は、そうした工場の町としての側面があったがゆえに促進されたといっていい。1970年には2万5000人を少し超える程度だった野洲市の人口は、今では5万人をわずかに上回るレベルまで増えている。

ここで野洲の歴史を紐解こう。野洲の町は、古くから中山道の通る交通の要衝だった。古い地図を見ると、野洲付近には駅の東側に小さな町があるのに加え、南にある野洲川の近くにも集落がある。どちらも旧中山道に沿った一帯だ。

さらに、野洲の町は中山道が二手に分かれる分岐点でもあった。本流の中山道は比較的内陸側をゆく。それに対して、少しだけ琵琶湖の近くを通る脇街道があった。脇街道は朝鮮通信使がよく利用していたことから、〝朝鮮人街道〟などと呼ばれていたという。

近江八幡や今はなき安土城の麓、そしてひこにゃんでおなじみ彦根の城下町を通るのは朝鮮人街道のほうだ。だからこの地域においては朝鮮人街道がむしろ主要道といっていい。

近江地方の交通の要衝というと、東海道と中山道が出会う草津や北国街道と中山道が分岐する米原などがよく知られる。が、野洲も負けず劣らずの枢要の地であった。
ただ、目立った産業は長らくほとんど稲作ばかりであった。変貌のきっかけが、日本IBMの工場をはじめとした複数の工場の進出なのである。

駅は1891年に開業。長らく小駅だったが……

野洲駅そのものは1891年に開業した古い駅で、これはかつての街道の分岐点だったことが理由だろう。以降は長らく一介の小駅であったが、1966年に車両基地（当初は高槻電車区野洲派出所、のち1970年に拡張されて野洲電車区。現在は網干総合車両所宮原支所野洲派出所）ができ、1970年代以降は工場が相次いで進出して工業都市（というほどでもないが）としての顔を持つようになった。1985年には一部の新快速が草津〜彦根間にも乗り入れるようになり、野洲駅も停車駅に選ばれている（当初は草津〜彦根間は各駅に停車、1986年に停車駅が絞られた際も野洲駅は残った）。

江戸時代以来の交通の要衝は、現代も車両基地のある交通の要衝。そして工場の進出に加えて新快速停車駅として京阪神への通勤圏内となって成長した、というのがおおまかな野洲の歩みなのだ。

関西の終着駅に堂々と「西武ライオンズ」？

さて、そんな野洲駅、まだ南側を見ていなかった。橋上駅舎を再び通り抜けて、階段を降りて南側の広場へ。こちらは使い道がよくわからない空き地が駅前広場のすぐ隣にあるせいか、北側と比べると広々としている印象だ。近くに工場があるわけでもなく、まっすぐ伸びる通り沿いには銀行がいくつか。あとは駅前広場を取り囲むように商業施設があるくらいだ。

そんな駅前に連なってやってきたのは西武ライオンズのキャラクター・レオを正面に掲げ、青・赤・緑のライオンズカラーの帯を巻いたバスだ。こんなところで西武ライオンズ。駅前の道の先には小高い山が見え、あとは空が広々と。そんな駅前風景にライオンズカラーのバスとくれば、空青く風白く、地は緑。小林亜星作曲・阿久悠作詞で松崎しげるが歌い上げるあの歌が頭の中に流れてくる。ミラクル元年奇跡を呼んで。野洲は町をあげて西武ライオンズを応援しているのか。所沢から遠く離れた滋賀県なのになぜ。

その答えはシンプルで、滋賀県内で鉄道や路線バスを営む近江鉄道は西武鉄道のグループ会社（西武グループ創業者の堤康次郎は近江出身）。なので、ライオンズカラーのバスが走っているというわけだ。だからいくらライオンズカラーのバスを見て育ったとはいえ、野

かつては日本 IBM の、現在は京セラの工場が鎮座。高度経済成長期はまさしく「工場街」だった

応援歌が聞こえてきそうなライオンズカラーの路線バス

洲の人たちが必ずしもライオンズファンばかりとは限らない。野洲出身の歌手・西川貴教がタイガースファンなのは有名である。

琵琶湖のほとりで新技術の実験が進んでいる

実は、私は何度も野洲駅を訪れている。ナゾの終着駅だから、何かと行く機会が多いのだ。それに加えて、近くには車両基地がある。基本的には琵琶湖線（東海道本線）の電車が収められる車両基地だ。ところが、その一角がレールではなくアスファルトの道路にリニューアル。そこで2021年秋から、バスの自動運転・隊列走行の実証実験が行われていた。JR西日本とソフトバンクが共同で開発した新技術だということで、そのメディア公開に足を運んだこともある。

その当日はあいにくの雨模様だったが、運転手が運転席に座っているのにハンドルを握らず、なのにバスが右へ左へ巧みに曲がり、直接連結せず、後ろをついて走っているだけのマイクロバスとも連携。これがいわゆる自動運転による隊列走行ということなのか、と驚いた。いまではもう驚くような技術でもなくなっているのかもしれないが、少なくともホンモノの自動運転を目の当たりにすると、誰でも同じような感想を抱くに違いない。

野洲の車両基地の片隅のテストコースではじまった自動運転の実証実験は、いまでは東広島市内の公道でも行われるようになった。実用化寸前と言われて久しい自動運転も、もういよいよほんとうに実現間近。そのひとつが、野洲からはじまった。そう考えると、野洲というナゾの駅の価値もまた、違ってくるような気がするのだが、いかがだろうか。

自動運転の実証実験も進められている

亀山〝世界の亀山モデル〟、覚えていますか？

亀山、と聞いたら何を思い浮かべるであろうか。やっぱり、あの1992年、亀新フィーバーを巻き起こした亀山努に違いない。怪我をも恐れぬハッスルプレー、ヘッドスライディング。ああ、懐かしい……。

などと言い出すのは、現実的には一部の阪神ファンくらいなものだろう。亀山、かめやま、カメヤマ。何が思い浮かぶかというと、そうである。あの一世を風靡したシャープの液晶テレビ「世界の亀山モデル」だ。

2000年代の前半、まだ薄型テレビが世に出始めて間もないころに登場した「世界の亀山モデル」は、まさに薄型テレビの代名詞になった。亀山努ほどではないにせよだいぶ懐かしい話だが、こちらはさすがに記憶に残っている人も多いのではないかと思う。

「世界の亀山」は名古屋から約1時間

で、この「世界の亀山」の亀山とは何なのか。それはシャープの亀山工場で生産されたことによるものだ。亀山工場があるのは三重県亀山市。2004年に三重の山中に生まれた巨大工場がその生産の拠点であった。今回の主役は、「世界の亀山モデル」を生んだ亀山の町、亀山駅である。

亀山駅なんて知らねえよ、亀山努よりも知らねえよ、というお声も聞こえてきそうだが、亀山駅はれっきとした（というのも変ですが）ナゾの終着駅である。愛知県の大ターミナル・名古屋駅から関西本線の快速に乗ってちょうど1時間。日中には1時間に1本と本数は少ないが、朝や夕方以降には亀山行きの電車もちょっとは増える。

途中にはハマグリでおなじみ桑名やトンテキが旨い四日市があり、これら三重県を代表する都市を経て鈴鹿山脈の山地へとちょっとだけ分け入った、その入り口のような場所にあるのが亀山駅だ。

〝東海〟と〝関西〟の境界の場所

1番のりばに着いた快速電車から降りると、階段もエスカレーターもなくそのまま改札口という超バリアフリー設計になっていた。ホーム自体は他に2面あって、そちらでは関西本線の名の通り関西方面へと続く列車や紀勢本線、つまり紀伊半島の南部を目指す列車が主に発着する。その中でも、名古屋方面とを結ぶ関西本線の電車は、改札口のすぐ目の前にやってくるという親切設計、特別扱いを受けているのである。

関西本線が特別扱いなのは、名古屋と結んでいるからというだけではなかろう。なにしろ、亀山駅にやってくる〝電車〟は名古屋からの関西本線だけなのだ。同じ関西本線でもさらに山を越えて関西方面に行こうとすればローカル色の強いディーゼルカー。紀勢本線も同様だ。そうした中に、ピカピカの都会的な快速電車が名古屋から颯爽とやってくる。都会と田舎の狭間のような、そんな亀山駅なのだ。

最盛期は2000人もの職員が働く「巨大駅」

ここで早めに歴史を紐解くと、亀山駅が開業したのは1890年のことだ。私鉄の関西鉄道によって現在の関西本線が開通したのと同時の開業だった。1891年には同じく関西鉄道が津方面への支線も開通させており、これがいまの紀勢本線のルーツだ。

改めて地図を見るとわかるが、亀山駅のすぐ西側には鈴鹿山脈の山並みが迫っている。技術がまだまだ未熟だった時代の鉄道にとって、山越えはまさに試練の道のり。山越えを控える亀山駅で機関車を付け替えたりして、やっとのことで登っていた。なので、亀山駅には広大な機関区が設けられるなど、当初から鈴鹿山脈越えの要衝としての役割を与えられていたのだ。最盛期には2000人もの職員が働いていたという。

いまでは名古屋方面からの電車はすべて亀山止まりで鈴鹿山脈を越えていく列車は走っていないし、そもそもこのご時世に機関車の付け替えなど必要はない。が、いにしえの名残というべきか、駅の構内には小さな車両基地があって、そこにはJR西日本側の気動車が眠っている。ともあれ、東海地方の端っことして関西行を控える要衝の亀山駅。それはもう、立派な駅なのでしょうね……。

1世紀前から建つ駅舎を出る。駅前には……

そう思って改札口をさっさと抜けて駅を出る。振り返って駅舎を見ると、赤い瓦の屋根が映えるなかなかに美しい駅舎であった。なんでも1913年に完成したものを改築したり修繕したりして、いまも使い続けている骨董品。そのためか、交通の要衝の駅にもかかわらずずいぶんと小ぶりだ。

小さくも味わい深い駅舎の前には、最近整備されたばかりの真新しい駅前広場が待っていた。広場の向こう側には図書館などが入った複合施設、そのさらに奥には高層マンションまで建っている。こんな……と言ったら失礼ですが、東海地方の端っこの駅になぜ新築のマンションが。ただのマンションブームで片付けられる話でもなかろう。

ただ、改めて考えてみれば、亀山駅から名古屋駅までは1時間。その程度ならば、充分に通勤圏内といっていい。それも、始発駅だから確実に座って通勤できる。意識が高ければ通勤時間を有効に使うこともできるだろう。それでいて自然も豊か。あんがい、亀山のマンションに住んで名古屋に通うのも、悪くないのではなかろうか。

現在の駅前広場は、2023年に整備されたものだ。それ以前の亀山駅には、石造りの立派な鳥居が建っていた。亀山駅の北東、かなり離れたところに鎮座する能褒野《のぼの》神社の大鳥居。1925年に村社から県社に格上げされたことを記念して設けられていた。駅前の整備で消えてしまったのはちょっと残念だ。

さすがに能褒野神社まで行くのはしんどいが、駅の周りを少し歩いてみよう。

駅前の通りをまっすぐ北に行くと、すぐにそのまま下に道路をくぐらせる陸橋になる。突き当たりは崖になっていて、急坂を登って高台の上へ。まっすぐ眼下に亀山の駅を見下ろせる高台だ。

かつて、亀山の町には旧街道の東海道が通っていた。江戸時代には譜代の藩主が治める亀山藩の城下町、そして東海道の宿場町として栄えていた。城下町や宿場町の中心は、高

ぴかぴかの駅前広場と対比的な小ぶりの駅舎は1913年完成

東海と関西、そして田舎と都会の「狭間」になっている

台の上。亀山駅からみて北東側に広がっていた。江戸時代末、亀山宿は人口1549人、21の旅籠があったという。

「世界の亀山モデル」を生んだ〝交通の町〟

高台に登らずに手前の道を右に少し歩くと、ドラッグストアやコンビニ、飲食チェーンが並ぶそれなりに賑やかな大通りに出る。この道をさらに右に折れてまっすぐ南に行けば、まもなく亀山駅のすぐ東側、関西本線の線路に突き当たる。この踏切のあたりは、ちょうど関西本線と紀勢本線が分岐しているところだ。関西本線は概ねまっすぐ東に行くが、紀勢本線は南にカーブ。その間には田んぼが広がっていて、紀勢本線はすぐに鈴鹿川を渡る。亀山駅は、南側に鈴鹿川が流れるそのほとりにある駅なのだ。

東海道が通り、古き城下町と宿場町があった高台は鈴鹿川が作った河岸段丘の上にある。段丘の上、つまりは高台の上にお城を中心とした町が生まれて広がった。そんな山間の旧城下町・宿場町に明治に入ると鉄道がやってきた。鉄道はできるだけ高低差を避けるし、市街地に通すと用地買収の手間もかかる。そのため、少し市街地から外れた高台の下、川のほとりに駅ができた。そして山越えを控える鉄道の要衝、〝鉄道の町〟となったのだ。

もちろん、亀山の町が旧城下町・宿場町であるだけの鉄道の町だったわけではない。山裾の地形は茶の栽培に適し、古くからお茶の生産が盛んだった。明治時代に入ると国家産業でもあった養蚕業が隆盛、次いでローソクのような特産品も生まれた。いまは本社を大阪に移してしまったが、誰もが知っているカメヤマローソクは、亀山発祥である。

さらに、戦後になると相次いで高速道路がやってくる。名阪国道や東名阪自動車道、伊勢自動車道などが通り、２００８年には新名神高速道路も開通した。その裏では関西本線のローカル線化という鉄道の凋落もあるにはあったが、いずれにしても亀山は、東海道の宿場町にはじまって鉄道の要衝となり、そしていまではいくつもの高速道路が交わる道路交通の要衝へ移り変わった、〝交通の町〟なのだ。

そうした交通の便の良さが、シャープをはじめとする工場の進出にも繋がった。鈴鹿山脈越えを目前に控えるという立地条件がゆえに交通網が発達し、それが新たな産業を生んだ。そうして「世界の亀山モデル」が誕生した。

いま、シャープの亀山工場ではもちろん「世界の亀山モデル」は生産されていないが、その後もスマホの（というかiPhoneの）ディスプレイを生産する拠点として操業を続けている。およそ〝世界の〟と冠するような規模ではなくなったようだが、ここで刻まれた歴史は確かに生きている。

亀山駅という東海地方の端っこの終着駅は、そうしたハイテク技術とはすっかり無縁にみえる。確かに、古い駅舎を大事に使い、古くからの市街地からもシャープをはじめとする工場からも距離があり、かつてあった大機関区も失われている。しかし、東海道の宿場町からいまに至るまで、〝交通の町〟として発展する亀山に、確かに亀山駅と鉄道は大きな足跡を残しているのである。

コラム

東海道新幹線のぞみに「定刻通りに通過される駅」

三河安城
岐阜羽島

——三河安城　愛知の片隅にあった〝日本のデンマーク〟

東海道新幹線といったら、やっぱり「のぞみ」。看板列車だとかなんだとか、御託を並べるまでもなく、東海道新幹線＝「のぞみ」。これは現代日本人の共通認識といっていい。何しろ、1時間に最大で12本の「のぞみ」が東京〜新大阪間を走っているのだ。

けれど東海道新幹線の駅は、「のぞみ」が停まる東京・品川・新横浜・名古屋・京都・新大阪だけではない。「ひかり」や「こだま」だけが停まる新幹線の駅。それがいくつもあってこそ、大動脈の役割は完結する。

そうした小さな、だけど忘れてはならない駅のひとつが、三河安城駅だ。

三河安城駅と聞けば、ピンとくる人も多いだろう。「のぞみ」が名古屋駅に近づいてくると流れる車内放送——「この電車は三河安城駅を定刻通りに通過しました。次の名古屋駅にはおよそ9分で到着します……」というアレだ。名古屋で降りるときはこの車内放送を聞いて、「ああ、そろそろだな」とリクライニングをもとに戻して荷物をまとめて降りる準備をする。だから三河安城駅は「のぞみ」ユーザーからの知名度がかなり高い。

ところが、実際に降りたことがある人はどれだけいるだろうか。まさしく三河安城駅は、天下の東海道新幹線における〝ナゾの通過駅〟の横綱といっていい。

新幹線の三河安城駅は高架駅である。新幹線のほとんどの駅は高架だからこれは別にナゾでもなんでもない。高架下の改札から北口に出ると、大きなロータリーと公園らしきものが広がり、そのさらに先にはもうひとつ小さな駅舎があった。こちらは在来線・東海道本線の三河安城駅。つまり、新幹線と在来線の三河安城駅は、ロータリーと公園を挟んで向かい合っているというわけだ。

で、その2つの駅舎は公園の間を抜けて移動してもいいが、直接つながっている通路を利用することもできる。この通路の中はなんだか昭和っぽい雰囲気が漂っている。方向を示す案内板も国鉄時代のそれだ。三河安城駅が開業したのは1988年3月13日。国鉄からJRに移って約1年後のことで、開業当時の雰囲気を今も残しているのだろう。

妙におしゃれな「2つの三河安城駅」のナゾ

いずれにせよ、向かい合った2つの三河安城駅。もちろん新幹線の方が規模は大きく、屋根の上に時計塔まで設えられている。コンコースの入り口はアーチ状のおしゃれな駅だ。在来線側も小さいながらどことなく神殿風というか、大階段を登るようにして入り口に向から。その階段の下には小さな円形のステージのようなものがある。とにかく、全体的におしゃれな雰囲気なのだ。いったいどうしてこんなデザインなのか。そのヒントが、在来線の駅に向かう階段の横にあった。「デンパーク」という公園の案内看板である。

愛知の片隅が「日本のデンマーク」？

デンパークは、デンマークをもじったものだ。三河安城とデンマークはどういう関係があるのだろうか。それには三河安城駅がある安城市の歴史が深く関係している。

江戸時代まで、安城市一帯は台地上の安城ヶ原と呼ばれる水に乏しい原野だった。水に恵まれない安城ヶ原に矢作川から取水した農業用水（明治用水）が整備されると、これをきっかけに、安城市一帯は先進農業都市へと変貌を遂げた。1891年には安城駅も開業。安城の都市としての中心地も安城駅周辺に広がってゆく。

今でこそ、安城市は名古屋郊外のベッドタウン、またトヨタ自動車関連の工場が建ち並ぶ都市だが、一昔前までは日本でも有数の農業都市だったのである（主な作物は米や梨など）。そこでヨーロッパの農業先進国だったデンマークにちなんで「日本のデンマーク」と呼ばれるようになった。そんな「日本のデンマーク」にある新幹線駅ということで、駅

屋根の上の時計塔がトレードマークの新幹線駅

どことなく神殿風な在来線駅

国鉄っぽいフォントの駅の案内板

舎はデンマークの農家をモチーフにしたデザインになったのだという。

デンマーク化のきっかけとなった明治用水は今でも現役で、一部が三河安城駅前のこの公園の地下を流れている。ナゾが深まるばかりだったおしゃれな駅舎と駅前の広い公園は、安城という町の歴史にしっかりと根ざした由緒あるものだったのである。やはりどんな駅にも物語があるものだ。

ちなみに、もうひとつ安城には名物がある。それは『ごんぎつね』『手袋を買いに』でおなじみの童話作家・新美南吉。安城駅に隣接する駐輪場の外壁には新美南吉作品のウォールアートが描かれている。なんとなく新美南吉は北国の人だと思いこんでいたが（『手袋を買いに』のイメージである）、実際は愛知県半田市出身、安城にあった女学校で教鞭をとっていたことがあるそうだ。そこで安城市は新美南吉ゆかりの町としてもアピールをしている。

夢の超特急は今日も駆け抜ける

安城市内にはほかにもいくつかの駅があり、旧東海道沿いの名鉄南安城駅や新安城駅が古くからの市街地だ。次いで東海道線の安城駅が近代都市としての安城市の中心になった。そして１９８８年に新幹線の三河安城駅が誕生し、新たな拠点になりつつあるということだろう。そういう物語を知れば、「定時通過の車内放送でよく聞くナゾの通過駅」扱いがなんだか申し訳なくなってくる。

新幹線の駅舎から在来線とは反対側の南口を出ると、こちらにも立派なロータリーがあって、その先には東横インやドーミーインなどのビジネスホテルチェーンも。現在の安城市は近隣の刈谷市・知立市・岡崎市などとともに自動車関連の工場が多く立地している工業都市だから、その新幹線駅の前にビジネスホテルがあるのもとうぜんのこと……。

と、フォローのように述べてみたが、在来線も快速・新快速・特別快速のどれも通過する各駅停車の駅である。ちなみに、名古屋駅までは在来線の各駅停車だと約1時間。それが新幹線だと10分で着いてしまう。やっぱり新幹線はさすが、なのである。

——岐阜羽島　新幹線〝しか〟停まらない駅

天下の「のぞみ」が停まらない、東海道新幹線の駅。それでもだいたいは静岡駅や浜松駅といった、それなりに名のある駅がほとんどだ。そして、だいたいが在来線と接続していて、新幹線単独の駅というのはほとんどない。

数少ない、他のJR線と接続していない新幹線駅のひとつが、岐阜羽島駅だ。

県庁所在地・岐阜にない「岐阜羽島」

岐阜羽島駅があるのは、名古屋と米原の間である。所在地は岐阜県羽島市。岐阜県では唯一の新幹線駅だ。

岐阜県の県庁所在地はもちろん織田信長さんでもおなじみの岐阜市だが、新幹線はその県都を無視して羽島市というあまりよく知られていないところに駅を設けている。本来なら羽島駅になってもおかしくないところ、きっとそれじゃあ誰も岐阜県ってわかってくれないよね、ということで「岐阜羽島」と名付けられたのだろう。

で、この岐阜羽島駅、浅学にしてほとんどその存在を意識することがなかったのだが、実は「こだま」だけではなく「ひかり」も停まる。少なくとも1時間に1本の「ひかり」が停まって、つまりは新幹線における岐阜県の玄関口という役割を持っているのだろう。

そんなわけで東京駅から「ひかり」に乗って約2時間。岐阜羽島駅は他の新幹線駅と同じように高架の立派な駅舎で、高架下にある改札前のコンコースもずいぶん広くて立派なものである。

待合室とコンビニくらいしかない広々とした駅舎の中にいてもしょうがないので、外に出てみよう。出入り口は南口と北口に。南口にまず出てみると、やはりこちらも新幹線駅らしい立派な駅前広場。そしてそれを取り囲むようにして駐車場が広がっている。駅の周りには何やら企業系の巨大看板がいくつもあるが、それらは新幹線の車窓から見えるように計算されたものなのだろう。

他に何があるのかというと……特に何もない。クルマはそこそこ走っているし、駅前のベンチに座っているおじさんもいた。が、地元の人かどうかもわからないから話しかけるのも憚《はばか》られるし、それ以外には駐車場と駅前広場とその先の道路くらいしかないのである。

ならば反対側、北口に出てみよう。

どうやら、岐阜羽島駅の正面は北口のようだ。南口よりも立派で広いロータリーに客待ちのタクシーや送迎車が何台も停まっている。そして北側にはアパホテルとルートインが仲良く並んで建っている。ちなみに南口には東横インもあるので、岐阜羽島駅前にはビジネスホテルビッグ3が揃い踏み。このあたりからも、岐阜県の玄関口は岐阜羽島駅だぞ！という強い意思が感じられる。

公園に待ち受ける「とある夫妻の像」

岐阜羽島駅が開業した当時、この一帯の市街地は竹鼻町付近に集中していて岐阜羽島駅の周りは一面の田園地帯だった。北口の駅前からまっすぐ伸びている目抜き通りはその当時に建設されたものだ。古い航空写真を見ると、その目抜き通りの存在感が今以上に大きいことがよくわかる。

開業から半世紀以上が経って、ホテルもできて私鉄も乗り入れて少しずつ発展してきた。駅の周りを少し歩いてみると、マンションもいくつかあるようだ。１９８３年には名神高速道路の岐阜羽島ＩＣも開通している。つまりは岐阜の玄関口としての存在感は、どちらかというと年々増しているといっていい。かつて栄えた繊維産業は衰退気味で、今では岐阜や名古屋のベッドタウンとしての側面が強くなっている。

駅前広場の脇には、小さな公園があった。そこにひときわ目立つ銅像が建つ。指をさすおじさんとその横に佇むおばさん。「大野伴睦《ばんぼく》夫妻像」だ。岐阜羽島駅と大野伴睦センセイ、どんな関係があるのだろうか。

大野伴睦はここ岐阜県を地盤としていて、岐阜羽島駅は大野伴睦が強引に作らせた〝政治駅〟などと言われることがある。政治と鉄道はいつの時代も切り離せないものだが、ときの有力政治家が自らの地盤に新幹線の駅を作らせてその上に駅前に自らの像まで、となればこれはもう利権も利権、自民党政権許すまじの大疑獄である。

が、問題はほんとうに大野伴睦が岐阜羽島駅を作らせたのかどうかだ。

年表と地図を見ながら考えてみる

岐阜羽島駅の開業は１９６４年10月１日。つまり東海道新幹線の開業と同時である。建設が進んでいた当時、伴睦は自民党の副総裁として辣腕を振るっていた。そうした時系列と、開業当時はおよそ新幹線の駅にふさわしいとはいえない田園地帯だったという岐阜羽島駅一帯をかけ合わせれば、やっぱり伴睦センセイが辣腕を振るって生まれた駅なのか、と思えてくる。

だが、鉄道の観点から見てみると、必ずしもおかしいとはいえないことも事実だ。名古屋から西を目指すとき、新幹線のように高速で走ることを前提にしていれば少しでもカーブの少ない直線的なルートが望ましい。その点岐阜県の県都・岐阜市を経由すると遠回りが過ぎる。夢の超特急なのだから遠回りは避けたいところだ。

もしも、大野伴睦が強権を行使したのであれば、遠回りになっても岐阜駅を経由させたのではなかろうか。しかし実際にはそうはならず、新幹線は岐阜県の南西部をかすめるように通り抜けるだけになっている。

そして新幹線には経由する都道府県全てに駅を設けるという原則があった。ならば、岐阜市にも近い現在の羽島市内に駅を、という話になるのはとうぜんの成り行きである。

さらに、もしも岐阜県内に駅を設けなければ名古屋～米原間は駅間距離が開きすぎてしまい、列車の追い越しや緊急時の対応などに制約が生まれてしまう。つまり運行上の観点からも、羽島市付近に駅をつくるのは妥当な選択だったのである。

というわけで、岐阜羽島駅は存在そのものにいささかもおかしな点はない。岐阜羽島駅は利権まみれの強権の産物ではない、と言い切っていいのではないかと思う。

ただし、大野伴睦センセイがまったく無関係というわけでもないようで、県都の岐阜市

公園で町を見守る大野伴睦夫妻像

はるか遠くに日本アルプスを望む駅前

内に新幹線駅を求める声をいさめつつ、羽島に駅を作らせるからこらえてくれと説得したとか、羽島の駅に〝岐阜〟を冠するように頼み込んだとか、そういう調整役として働いたという。

政治の話なのですべてがつまびらかになっているわけではない。ただ、自民党副総裁を務め、陰に陽に力を発揮した伴睦センセイの存在が何らかの影響を及ぼしたことも間違いなかろう。なお、大野伴睦は東海道新幹線の開業を見ることなく、１９６４年5月29日にこの世を去っている。

第3章

あったかいところの「ナゾの終着駅」

糸崎
高知
姪浜

――糸崎「セブンイレブン、いいなあ……」

岡山駅から在来線の山陽本線に乗って、広島方面を目指す。できることならば乗りっぱなしでのんびり車窓を眺めたり、うつらうつらしながら行けるのが理想である。が、そうはさせまいと、山陽本線は岡山から1時間半ほど走った途中の駅でいったん終点を迎えてしまうのだ。その駅とは、糸崎駅である。

岡山から西に向かう山陽本線の列車は、ほとんどが糸崎止まりになっている。そのひとつ先の三原駅まで行く列車もあるが、頑張っても三原まで。つまり、糸崎駅（と三原駅）が鉄壁のごとく立ちはだかって、まるで広島行きの関所のよう。青春18きっぷで山陽本線を乗り通す人にもすっかりおなじみだろう。

三原駅は新幹線も乗り入れるから聞いたことはあるし、糸崎のひとつ手前の尾道駅は小津安二郎監督『東京物語』や大林宣彦監督の尾道三部作でおなじみの観光都市だ。そんな有名な三原・尾道を露払いと太刀持ちとして従える山陽本線岡山～広島間の〝終着駅〟糸崎、さぞかし横綱級の立派な駅なのでしょうね……。

というわけで、実際に糸崎駅にやってきた。

大仰に振りかぶってみたはいいものの、いくつもの〝終着駅〟を訪れてきたから、糸崎駅の正体はおおよそ想像がつく。大きな町とか立派な駅ビルとかそういうものを期待してはならない。どうせ、きっと車両基地があるんでしょう。

そう思いつつ糸崎駅のホームに降り立った。すると予想を裏切らず2面4線のホームの傍らには広大な留置線。つまり、やっぱり車両基地のある駅であった。

ただし、糸崎駅の車両基地は特別な意味を持っている。どういうことかというと、山陽本線の運転系統が糸崎駅を境に分かれているからだ。糸崎駅よりも東側は岡山地区、西側は広島地区などと呼ばれ、車両の運用も基本的に糸崎駅を境に異なっている。わかりやすく言い換えると、例えば岡山駅から長駆走ってきた電車が、糸崎駅を越えて広島駅まで行くことはない、ということだ（三原駅までなら乗り入れる電車も多い）。

なぜ貨物列車駅でもないのにコンテナが？

いつもならば、このまま駅舎を出て町中をうろうろするところ。ただ、今回は特別にJR西日本の広報担当者と岡山支社の職員に同行してもらった。彼らに案内をしてもらいながら、普段ならば入ることのできない駅の構内を歩いてみよう。

駅の構内には、広島地区と岡山地区、それぞれを走る電車が並ぶ。その奥には貨物列車のコンテナもあった。ここには貨物列車も来るのだろうか。

「いや、今はオフレールステーションといって、列車での貨物の取り扱いはありません。旅客列車の拠点としては岡山エリアと広島エリアの境界という大きな役割を持っていますが、まあ実際には車両留置としての機能があるくらい。昔は糸崎機関区と言っていましたが、今では福山列車区の糸崎派出。車両留置以外では、乗務員の休憩所として使っています。車両と同じで、乗務員も糸崎・三原を跨いで乗務することはありませんからね」

鉄道の町〝糸崎黄金時代〟

確かに、ホームの横の車両留置スペース、広々とはしているものの雑草が生えていてとてもじゃないが使えなそうな線路もあるくらいだし、停まっている車両も少なくてどこか淋しげ。留置線をすべて跨ぎ終わった先には立派な建物もあるが、職員で賑わっているわけでもなく、無人であった。

「昔の話ばかりになりますが、ここは機関区としての機能と乗務員の基地としての機能の2つがあったんですね。山陽本線が電化されるまではここで蒸気機関車の付け替えもやっていたようで、古い写真を見ると転車台も給水塔もあって、そうとう賑やかだったことがわかります」

さらに、駅のすぐ南側には倉庫街があり、その先は瀬戸内海。四国との物流の拠点だった歴史もあるといい、糸崎の市街地には遊郭の跡も残っていたとか。駅の西側にある三菱重工の工場は1943年に蒸気機関車の製造を目的に操業を開始したのがはじまりだ。こうしたエピソードを聞けば、往年の糸崎の賑わい、なんとなく想像できそうなものである。

ただ、駅構内を歩いても転車台や給水塔といったSL時代の機関区に欠かせない設備の痕跡はほとんど見当たらない。使われていないボロボロの信号機などもあったが、これとてSL時代のものではなさそうだ。

古びた建物からは、制服姿のJRの職員さんが何人か出てきた。休憩を終えた乗務員だろうか。彼らを除けばひと気のない糸崎駅の構内は、機関区のあった黄金時代の話を聞かされた後だからか、どことなく寒々しく感じられる。

ここで改めて糸崎駅の歴史を振り返ろう。

糸崎駅が開業したのは1892年のことだ。当時は山陽鉄道という私鉄の駅で、約2年の間は「三原駅」を名乗って正真正銘の終点だった。

三原から先、広島方面に向かっては山越えを控える。山越えは鉄道の大敵で、機関車を付け替えたり水や石炭を補給したりする必要があり、その手前には機関区が欠かせない。とは言え、三原市街地にそれを設けるスペースはないから、糸崎にいったんターミナルを設けて機関区を併設したのだ。

1894年に山陽鉄道（山陽本線）が広島まで延伸すると駅名を糸崎に改め、国有化を経つつも件の通り機関区、鉄道の町として大いに栄えた。ところが、1961年になると山陽本線が三原駅まで電化。さらに翌1962年に広島まで電化が完成。それでもまだ、三原から分岐する呉線が非電化だったから糸崎のSLの基地としての機能は維持されたが、1970年に呉線も電化されると完全に車両基地としての役割を終える。そして現在ではただ車両が留置されるだけの場所となり、乗務員も乗り継ぎの休憩にここを使うくらいになったのである。

「あれ？　セブンイレブン、いいなあ……」

このあたりで糸崎機関区の跡を出て、糸崎の町を歩く。海側には倉庫街があり、その中にはかつて線路が通っていたであろう廃線跡もあった。港まで線路を伸ばし、貨物を積み替えていた時代があった確かな証拠といっていい。

跨線橋で線路を跨ぐと、北側に迫る山と海の間のわずかな平地。そこに糸崎の市街地（というか住宅地）が広がり、小学校や中学校も。国鉄時代の官舎やJR西日本の社宅もその中にあるという。かつて鉄道の町だった糸崎。小学校や中学校の生徒たちの大半が鉄道マンの子どもという時代もあったのだろうか。糸崎の社宅に暮らしていたことがあるという、同行の広報氏がつぶやく。

「ほんとに糸崎ってなにもないんですよね。コンビニに行くのも遠いから、大変でしたよ。夜中に腹が減って、でも家になにもないってなるとね、延々と歩いて……」

そんな思い出話を聞きながら線路沿いの国道185号を歩いて駅に向かう。すると、いよいよ駅前というところでセブンイレブンの看板が。

「あれ？　こんなところにできたんだ。これは糸崎の社宅の人は喜びますよ。乗務員もここがあれば休憩時間も安心でしょう。いいなあ……」

実際に糸崎駅前で気軽に入れる商店はこのセブンイレブンくらい。それでもなにもないよりはマシ、糸崎に暮らす人はだいぶ便利になったと思っているに違いない。と思ったら、「昔ながらの商店街が少しだけど残っているんですよ」と教えてくれた。

そこで一旦駅前を通り過ぎて国道をしばらく歩く。すると国道沿いに、2階が住宅で1階が店舗になっているような昔ながらの商店がいくつか並んでいる。ほとんどの店がシャッターを下ろしているが今でも開けている小さな定食屋があった。一見ではとうてい入ることのできない店構えだが、糸崎を根城にしている鉄道マンたちは、いまでも足を運ぶことがあるらしい。

「糸崎駅」のフォントがたまらない

糸崎機関区が縮小してからは、この町は鉄道の町から三菱重工の町になった。町の中には三菱の病院もあり、鉄道の町・糸崎も今は昔。それでも、糸崎駅の小さな駅構えには、どことなく鉄道の町としての誇りが感じられる。

20世紀前半に建てられたという木造駅舎は、金太郎飴のように同じ見た目のイマドキの駅舎とは明らかに違う。駅名標も独特なフォントで「糸崎駅」と大書され、「JR」の文字は見当たらない。小さいけれど立派な設えであった。傍らには鉄道施設として実は今も使われているという古い木造の建屋もあるし、荷物などをホームから出し入れする際に使っていたと思しきスペースも残っている。

広い車両留置スペースにはコンテナも。奥の工場、倉庫街を抜けたらすぐ瀬戸内海

文字からもヴィンテージ感が漂う木造駅舎

駅前にできたセブンイレブンは大きな駐車場もばっちり完備

2020年から無人駅になってしまい、お客の数もお隣の三原駅と比べて10分の1くらい。それでも、広い構内と留置線、乗務員の休憩施設に古い駅舎と、往年の誇りはまだ失っていない。

ちなみに、山陽本線の岡山と広島の県境、実は糸崎よりはるか東の笠岡～大門間。福山も尾道も、もちろん三原も広島県にある。糸崎駅で運転系統は分断されているとは言え、三原と尾道が人の往来が少ないわけではないようだ。もしも糸崎駅で乗り換えを強いられないならば、その存在を意識するようなことなどなく通り過ぎるまったく小さな駅なのかもしれない。そこに、鉄道の町として栄えた歴史があった。なんとも興味深い、終着駅の旅である。

——高知　日本の夜明けはナゼ見えた？

高知というのは、ずいぶん特殊な土地だと思っている。そもそも地図を見れば一目瞭然だ。すっかり四方八方を山と海に囲まれた、どん突きのような場所にあるのだ。その上、高知の浜から見える海は太平洋。穏やかな海に小島が浮かぶ瀬戸内とは違って、太平洋の先はどれだけ眺めても海ばかり。いつまでも海を見ていたら、そりゃあもう、日本の夜明けなんぞを考えたくもなってしまうのだろう。

そんな高知の玄関口が、高知駅だ。高知と言えば南国だから、きっと南国らしい風情を漂わせたターミナルに違いない。そこにどん突きの町という要素も加われば、なかなかに独特な雰囲気を持っているのではないかと期待せずにはいられない。さあ、高知へ行こう。

まるで新幹線でもやってきそうな立派な駅を出ると……

東京から高知に行くとなれば、それはもう事実上選択肢は飛行機だけだ。が、ここでは目的地は高知そのものと言うよりは、まず第一に高知駅に降り立つことが肝要である。

どん突きの町でも、高知は意外と鉄道の便に恵まれている。岡山駅から特急「南風」が走っているのだ。それも1時間に1本ペース、2時間半ほどで岡山〜高知間を結んでいる。その上、この「南風」という特急には、アンパンマンのラッピングが施されている。アンパンマンさんはさすがのヒーロー。そして、やなせたかし先生も実に偉大な高知の傑物なのだ。岡山駅のホームに停まる、アンパンマンをまとった「南風」。もうこの時点で高知ムードがムンムンである。

と、そんなこんなで高知駅。見たところは、まるで新幹線でもやってきそうな立派な高架駅だ。が、中身は2面4線とシンプルで、乗り入れている路線は土讃線ひとつ。そして、ここでもホームからコンコースに降りるとアンパンマンのイラストが出迎えてくれる。高知のシンボルって、いまや龍馬さんではなくてアンパンマンになったのだろうか……。

「やっぱりいました、さすが高知」8・3mの巨大な坂本龍馬

改札を抜けた高架下にはコンビニや土産物店があって、このあたりは実に県都のターミナルらしいところ。そして、高架下を抜け出して南側の駅前広場に出ると……いちばんに目に飛び込んできたのは路面電車の乗り場でした。

高知の市街地には、とさでん交通の路面電車が走っている。その総延長は25・3キロ。

隣町の南国市やいの町などと結んでいる。路面電車といったら広島のイメージが強いが、路面電車の総延長ではとさでんが日本一なのだとか。

路面電車の乗り場をやり過ごして、実に広々とした駅前広場を歩くと、観光案内所やイベント広場、そしてやっぱりいました、さすが高知。坂本龍馬、武市半平太、中岡慎太郎という幕末の志士3人のでっかい像がありました。

この3人の像、でっかいなんてものではない。2011年に「志国高知　龍馬ふるさと博」の目玉として設置されたそうで、銅像かと思ったら発泡スチロール製だとか。台座を含めれば高さは実に8・3m。実際の龍馬さんの5倍近い高さだ。武市さんや中岡さんもいるけれど、駅前にこれだけでっかい龍馬さんがいるあたり、やっぱり高知のイメージは坂本龍馬なのである。

ただ、そんなインパクト抜群の像が3体も立っているわりに、高知駅前はどことなく寂しい。訪れた日が、たまたま雨降りだったからというのも関係しているのだろうが、駅前に中心市街地が、とはお世辞にも言い難い。

駅前広場の傍らには高知警察署の立派な庁舎が建ち、その反対にはホームセンターのコーナンン。さらにコーナンの裏にはケーズデンキと続くけれどそれくらい。県都のターミナルは、だいたい駅を取り囲むようにしてホテルが建ち並んでいることが多い。高知駅にも確かにホテルの看板はちらほらとあるのだが、駅前からは少し離れた場所にあるようだ。広々とよく整備された道筋とは裏腹に、活気溢れる市街地とはこれもまた違っている。

路面電車沿いに目抜き通りを南へ歩く

ならば、駅から少し歩かねばなるまい。ひとまず、路面電車が走っている目抜き通りを南に歩く。いくつかのホテルやオフィスビルが並ぶ中を歩くこと5分ほど。江の口川に架かる高知橋という橋を渡ると、少しずつ賑やかな雰囲気が増してゆく。

中央分離帯に街路樹が植えられている大通りを跨ぎ、さらに南にゆくと、東西に走るアーケードの商店街。それもまたやり過ごせば、国道56号が東西に通る大交差点。「はりまや交差点」という。この交差点を中心に、路面電車は南北東西に行き交って、四つ角すべてにはビルが建つ。ひとつは「デンテツ・ターミナルビル」という、とさでん交通が土佐電気鉄道だった時代の名を残す雑居ビル。ひとつは、いかにも老舗っぽい和菓子屋さん。もうひとつは四国銀行本店で、さらにもうひとつはパチンコ店。もともとは百貨店の高知西武があったという。

文字通り巨大な「維新の偉人」たち

じつは「路面電車の町」でもある

このはりまや交差点に立って国道沿いを眺めれば、道沿いにはずらりと並ぶ商業ビル。歩道を行き交う人も多ければ、車道にはひっきりなしにクルマが走る。その合間を縫うのが路面電車だ。はじめて高知にやってきた人も、この交差点に立ったら、「ああ、ここが高知の中心ですね」と納得するに違いない。

そして、はりまや交差点の脇っちょに、小さな朱塗りの橋がある。これがご存知「はりまや橋」だ。江戸時代、高知城下の豪商の播磨屋と櫃《ひつ》屋がお堀を隔てて向き合っていたが、両者を結ぶために架けられたのがはじまりだとか。「よさこい節」やペギー葉山の「南国土佐を後にして」などで名を挙げて、観光名所になったという。この名所のはりまや橋のある交差点。高知の町の中心は、高知駅ではなくてこの交差点なのである。

どうして駅前と中心市街地がこれほど離れている?

はりまや橋から西に向かって歩く。国道に並行して北側には帯屋町のアーケード商店街が延びている。大丸やドトールコーヒーもあるような、地方都市の商店街だ。

帯屋町の商店街を西に抜け、アーケードが途切れたところにはひろめ市場。1998年にオープン、地場の飲食店を中心にあらゆるジャンルが揃っている〝食のテーマパーク〟

だ。そしてさらに西に進めば高知城の天守閣が見えてくる。高知城の天守は、現存十二天守のひとつ。小高い丘の上に築かれていて、天守に登れば高知の町を一望できる。

いまの高知市の中心市街地は、この高知城の城下町として整備されたのがはじまりだ。関ヶ原の戦い後、改易された長宗我部氏に代わって山内一豊が入り、はじめて本格的な城下町を築いた。それまで高知の市街地一帯は浦戸湾の入り江の湿地帯。長宗我部氏もたびたび町づくりを試みたがうまくいかず、少し離れた浦戸城に拠点を置いていた。そこに現れた山内一豊は、当時最新の土木技術と築城技術を駆使して城と城下町を整えた。

城下のいちばんの中心は、はりまや橋付近から高知城にかけて。つまり帯屋町のアーケード一帯だ。ここが「郭中」と呼ばれ、さらに西側には上町、東側には下町と呼ばれる城下町が拡大していった。高知城の脇には高知県庁や高知市役所があり、アーケードの裏には歓楽街ゾーンも。古い城下町の形が、時代を超えて受け継がれているというわけだ。

ここで改めて旅の原点、高知駅に戻ってみる。高知駅と中心市街地は、歩くとだいたい20～30分。路面電車で繋がっているとはいえ、ちょっと離れすぎているきらいがある。そして、駅前は中心市街地ほどの賑わいを持たない。これはどういうわけなのか。

実は高知駅が開業したのは１９２４年と、県都のターミナルにしてはやや遅い。そして、それより20年前の1904年に路面電車が開業している。路面電車は市街地の中心を通り、町の発展に貢献した。それが一通り形作られたあとに、高知駅が開業したのだ。

だから、高知駅というターミナルは、高知の町においては脇役なのだ。それに、高知は古くは海路、いまでは空路で東京など他の都市と結ばれる。龍馬さんではないけれど、高知の人々の目は海を向いていた。そういう事情も、高知駅が中心市街地の賑わいに飲み込まれなかった理由ではないかと思う。

2025年4月から始まる朝ドラは、『あんぱん』。アンパンマンの生みの親・やなせたかしとその妻をモデルに描くストーリーだという。舞台はもちろん高知である。2023年にも、高知が舞台になった朝ドラ『らんまん』が放送されていた。龍馬さんは何度も大河ドラマに登場している。幾多のヒーローを生み出した高知の町。それはやはり、人々の目が海を向く、そういう土地柄ゆえなのだろうか。

——姪浜　コンパクトタウンの〝高円寺や阿佐ヶ谷みたいな町〟

福岡は、コンパクトな規模感の中になんでもかんでも揃っている実に素晴らしい町だ。メシも旨いし遊ぶところも充実しているし、言うことなしだ。そして何より福岡という町を理想の形に仕上げているのは、交通の利便性にあるといっていい。

福岡空港は中心部から5～10分程度。新幹線の博多駅と福岡空港は、たったの5分ほどでアクセスできる。そんな便利な空港も新幹線駅も、日本中どこを探したってないではないか。おかげさまで、出張や旅行などで福岡空港に降り立った人は、到着ゲートを出てからどれだけ多めに見積もっても30分後には市内の目的地に着くことができる。

これが実現しているのは、空港が中心部のすぐ近くにあるからというだけではない。空港と博多駅、そして繁華街の天神などをすべて結んでいる福岡市地下鉄空港線のおかげだ。1981年に最初の区間が開業した時点では、郊外の室見駅から中心部の天神駅までしか通っていなかったが、1983年には博多駅、そして1993年には福岡空港駅まで延伸した。いまや、理想のコンパクトタウン・福岡市で欠くことのできない大動脈である。

そういうわけで、福岡空港から地下鉄に乗った。地下鉄の行き先は、大きく分けてふたつある。ひとつは、筑前前原《ちくぜんまえばる》駅だ。地下鉄空港線はJR九州の筑肥線に直通していて、筑前前原駅はその筑肥線の駅。イチゴ「あまおう」の産地のひとつで、魏志倭人伝に出てくる「伊都国」だったとされている糸島市の玄関口だ。

そしてもうひとつの地下鉄の行き先が、姪浜駅という。地下鉄からJR筑肥線へと変わる境界の駅だ。読み方は、「めいのはま」。だいたい2本に1本が姪浜行きだから、福岡市民のみならず福岡空港をよく利用する人ならば、この行き先は必ず見かけたことがあるはずだ。いったいどういう駅なのだろうか。

駅前には異国文化の気配が

福岡空港駅から地下鉄でおおよそ25分で到着する姪浜駅は、誰もが想像するような大都市郊外のベッドタウンらしい駅である。東京で例えるならば、高円寺や阿佐ヶ谷あたりをイメージしてもらえばいいだろうか。

行き交う人もその町で暮らしているのであろう人たちがほとんどで、高架下には商業施設。駅の南北にも駅前広場を取り囲むようにして商業ビルが建ち並んでいる。チェーン店が目立つあたりも、大都市郊外の駅らしい特徴といっていい。

こういう駅に、北と南のどちらが中心などという話もあるまい。というわけで、ひとまず南口に出る。南口の駅前広場には、青い大波をかたどったオブジェが置かれている。「ドラゴン・キング・ラビッツ」というらしく、中国の龍王うさぎの伝説をモチーフにしたのだとか。大陸に近く、古くから異国文化に接していた福岡ならではなのだろう。

そんな駅前広場から少し高架沿いを歩くと、高架を貫いて南北に通る姪浜大通りに出る。角には福岡市西区の区役所があり、道沿いにはいわゆるロードサイド系の店舗がずらり。この道を少し行ったり来たりするだけで、日常生活に必要なものはほとんど揃うに違いない。駅前から少しずれた場所を通るこの道が、姪浜のメインストリートなのだ。

ただ、商業ゾーンはこの姪浜大通りくらいなもので、少し中に入るとそこはまったくの住宅地である。駅の近くには背の高いマンションが目立ち、離れるにつれて一戸建てが増えてゆく。その真ん中には姪浜中央公園という立派な公園もあった。

姪浜駅の南口をまっすぐ南に下ってゆくと、福岡高速道路の環状線が通っていて、その先には室見川が流れる。そのあたりまで行けばまたロードサイド店舗ゾーンになるのだろうが、駅の近くはほとんどが住宅地だ。よくよく考えれば当たり前で、福岡市の中心部まで地下鉄に乗って30分もかからない。それこそ東京なら高円寺や阿佐ヶ谷あたりと同じようなもので、見事なまでのベッドタウンなのだ。

ただ、現代的なベッドタウン然としているのは、南口のほうだ。北口に歩いて行くと、少し雰囲気が変わってくる。

姪浜駅高架下の自由通路を抜けて北口に出ると、こちらにはまっすぐ北に延びる並木道。絵に描いたような駅前の目抜き通りだ。この道を辿ってゆくと、明治通りという名の大通りに出る。東から西へと走る大通りだ。さらに、明治通りから北側に入ると、細い路地が入り組んだエリアに変わる。整然とした街路が特徴的な南口とは大違い。姪浜住吉神社という古社もある。

実は、姪浜の古くからの中心は駅前から北に5分ほど歩いたこのあたりだ。明治通りには地下鉄やバスに置き換わる前の福岡市内交通の主役を担っていた路面電車が走り、姪の浜停留所が置かれていた。

その一筋北、住吉神社のある路地は、かつての唐津街道だ。唐津藩の参勤交代、また福岡藩士が長崎の警備に向かう際に使っていた街道で、姪浜には宿場が置かれていた。つまり、姪浜の町の興りは唐津街道の宿場町にあったというわけだ。いまの地下鉄空港線とJR筑肥線は、全体で福岡市と唐津市を連絡する役割も持つ。そういう意味では、唐津街道が鉄道に置き換わっただけともいえる。そして、その中継点である姪浜が昔は宿場、いまは地下鉄とＪＲの境界として賑わっている、というわけだ。

「姪浜」の名前を遡ると見えてくること

路地の中を歩いて、さらに北に向かう。途中、名柄川という川を渡ってさらに先に行けば、もう海である。

海の近くには、２０２４年の８月までマリノアシティ福岡という大きな商業施設があった。アウトレットモールを中核に、大きな観覧車も備える埋立地のシンボル。２０００年、九州初の本格的なアウトレットモールとしてオープンした。閉館後は建て替えられて新しい商業施設になるらしい。

そんな商業施設の脇にはボートが係留されている港があり、能古島への船のりばもある。海沿いにはマリナタウンという典型的なニュータウン。海沿いは愛宕浜という海水浴場になっていて、ここにも商業施設・イオンマリナタウン。この一帯、歩いてみればすぐに感じることができるが、いかにもわかりやすい埋立地の新しい町である。

街道の宿場として生まれた姪浜は、明治に入っても玄界灘に面する漁村として歩んだ。

水揚げされた魚は糸島や福岡市内へと運ばれていったという。

1914年には姪浜の市街地北東、海沿いに姪浜炭鉱が開かれた。これが近代都市としての姪浜のはじまりといっていい。炭鉱労働者の住居が置かれ、市街地が形作られていったのだ。さらに、1925年には現在の筑肥線が通って姪浜駅が開業、炭鉱への引き込み線も設けられた。

ただし、当時の姪浜駅は場所こそいまと同じでも、福岡市中心部からのルートはまったく違っていた。地下鉄がない時代、福岡市街地の南側をぐるりと迂回するように走って、南東から室見川を渡って姪浜駅にやってきた。非電化のローカル線だったこともあって、姪浜駅周辺が市街地として賑わうまでにはだいぶ時間がかかっている。1962年に炭鉱が閉山したことも関係したのかもしれない。

この旧筑肥線は、地下鉄と筑肥線の直通運転を開始するにあたって廃止され、現在の高架の線路に切り替えられた。それが1983年のことだ。これで福岡市街地と姪浜の結び付きが強まり、本格的にベッドタウンとしての発展がはじまったのだろう。そして、それ以降海沿いの埋立地にニュータウンや商業施設が生まれてきた。

姪浜の名は、三韓征伐から戻った神功皇后《じんぐう》が袙《あこめ》の衣を干したことに由来するという。神

躍動感ある大波のオブジェと駅舎。いずれもあざやかなブルーがまぶしい

海辺には大きな観覧車が目印のマリノアシティ福岡があった(写真は2023年)

話の時代の話なのでこれをまともに受けとることは難しいが、少なくともかなり古い時代から集落があったことは間違いないだろう。

　下って江戸時代には唐津街道の宿場町。次いで近代には炭鉱町として市街地化が進み、戦後は地下鉄の開通によってベッドタウンとして飛躍した。姪浜駅の南口や海沿いの住宅地は、新しい時代の姪浜を象徴するエリアだ。明治通りやその北側にある路地は、江戸時代の唐津街道の名残を留め、そして炭鉱町として栄えた時代の面影も残す。さらに路地の中を歩けば、鎌倉時代の元寇の折に築かれた土塁の跡も残り、海沿いには能古島への渡船場とニュータウン。姪浜は、これまでの歴史のすべてがひとつの町の中に詰まった、重層的なベッドタウンなのである。

家路につく学生も多い、住宅街らしい夕暮れ

第4章 さむいところの「ナゾの終着駅」

稚内
青森
盛
敦賀

——稚内 〝最果てのターミナル〟には何がある？

日本最北端の町は、蘂取村《しべとろむら》という。北方領土のひとつ、択捉島にある町だ。正確には、北海道蘂取郡蘂取村、そのカモイワッカ岬が日本最北端だ。もちろん北方領土は正真正銘の日本の領土なのだから、蘂取村は紛れもない最北端の町である。

などといっても、現実に目を向ければ択捉島には日本の施政権は及んでいない。蘂取村とされる場所も、現実にはロシアが支配している。なので、日本人なら誰もが気軽に行くことができるような町ではない。そして、すべての人が気軽に訪れることのできる最北端というと、やはりご存知、稚内ということになる。

札幌から稚内は特急でなんと5時間強

北方領土を除けば、稚内市内にあるものはすべて日本最北端。宗谷岬という最果てはもちろんのこと、コンビニも郵便局も、稚内市内でいちばん北にあるそれは、日本最北端のコンビニ、郵便局だ。そして、駅もそうである。宗谷本線の稚内駅は、日本最北の駅であり、最果てのターミナルである。

そういうわけで稚内駅を訪れたのだが、これがまたとてつもなく遠い。

1日1往復だけ、札幌からの特急「宗谷」が走っている。朝7時30分に札幌駅を出発するこの特急が稚内駅に到着するのは12時42分。つまり、実に5時間以上もかかるというわけだ。スピードが違うので比較するのもおかしいが、新幹線ならば東京と新大阪を往復してもあまりある。日本最北端という最果てだけあって、稚内駅は果てしなく遠いのである。

稚内駅のホームは、1面1線。ターミナルとは言い過ぎと思うくらいに、シンプル極まる構造をしている。稚内駅に到着する列車は特急を含めて6本、出発する列車は7本だけだ。それが駅に着いてすぐ折り返すだけだから、この程度の規模でも充分なのだろう。

ホームの上には、日本最北端の駅であることを示す標が立ち、JR最南端の駅である西大山駅や、最南端の終着駅である枕崎駅との友好も刻まれている。さらに、小さな改札口を抜けて駅舎を出た先にもレールの車止めが置かれていて、最北端のターミナルとしての旅情を誘う……。

などと書き連ねると、最北端のターミナルは、小さくても旅情たっぷりの駅というイメージを抱くかもしれない。けれど、実際には必ずしもそうともいえない。

駅舎は「キタカラ」という複合施設との合築で、飲食店や土産物店、コンビニ、果てはグループホームや映画館「T・ジョイ稚内」までが入っている。稚内駅は、鉄道の駅であると同時に道の駅でもあり、さらに近くのフェリー乗り場のターミナルも兼ねるみなとオアシスとしての役割も持つ。つまり、稚内という町の文字通りの中核的な施設になっているというわけだ。決して、最北端の旅情たっぷりの小さな駅というわけではないのである。

公園に刻まれた「歴史の1ページ」

稚内駅のすぐ東側には、大きな港がある。その中心にあるのはフェリー乗り場だ。利尻や礼文といった離島との連絡フェリーが発着する乗り場で、コロナ禍前まではサハリン南部のコルサコフまでの定期航路も発着していた。陸の玄関口が稚内駅だとすれば、海の玄関口がこのフェリー乗り場ということになる。

そのフェリー乗り場を中心にした広い港には、たくさんの漁船が停泊している。漁船は大小さまざまで、遠くには水産加工の工場も見える。稚内は水産業が中核産業のひとつだ。北洋漁業を中心として、ホタテ貝やホッケなどがよく獲れるという。港町であるということが最北端・稚内のアイデンティティのひとつになっているのだろう。

そんな港の北の端には、大きなホテルがそびえ立ち、周囲は公園として整備されているようだ。海が見える公園を歩くと、昭和の大横綱・大鵬幸喜の上陸の地記念碑があった。巨人・大鵬・玉子焼きの大横綱は、日本領だった樺太（サハリン）の出身で、終戦時に小笠原丸に乗って稚内に引き揚げてきた。この小笠原丸は、稚内に立ち寄ったあとで小樽を目指す途上、ソ連の潜水艦の攻撃を受けて留萌沖で沈没している。大鵬一家は家族の船酔いがひどく、予定を変更して稚内で下船していたために難を逃れたのだという。

そんな歴史の1ページをのぞき見し、さらに港の北の端を歩く。大鵬幸喜上陸の地の碑のすぐ北側には、太い円柱に支えられた半円形、巨大なドーム状の防波堤が目に付く。まるで神殿のような雰囲気を残す防波堤は北防波堤という。

「稚内」で重なる線路と航路

最果ての海はたいそう厳しい。特に北からは強い風が吹き付けて、冬になるとその風に乗って流氷が湾内にも入り込む。そうなると船は港に入れなくなってしまう。港町であることが稚内という町の本質であるならば、その本質そのものが揺らぐほどの大問題。いくら鉄道が通っていても、港が機能しないのではまったく心許ない。

そうした事情を受けて、港を守るために建設されたのが北防波堤だ。難工事の末に19

36年に完成した。ドーム型の屋根は、北からの波浪に耐えるべく設計されたもので、いまでも稚内のシンボルになっている。

かつて、稚内駅の線路はこの防波堤の下まで伸びていた。稚内駅という名前の駅がはじめて開業したのは1922年のことだ。ただ、このときの稚内駅は町の南の外れ、いまの南稚内駅の場所に設けられた。

その翌年、1923年には稚内と樺太・大泊（現在のサハリン・コルサコフ）を結ぶ航路が開設されたが、乗り継ぐ人々は当時の稚内駅から港までの約2・5キロを歩かされていた。そこで線路が港に向けて延ばされて、1928年に稚内港駅として開業したのが現在の稚内駅だ。ついで1936年に北防波堤とその下の桟橋が完成すると、防波堤直下までさらに延伸。1938年に稚内桟橋駅が開業する。

これにより、稚内桟橋駅から樺太に向かう稚泊連絡船に直接乗り継ぐことができるようになった。そのころの南樺太は日本の領土であり、新天地として南樺太に夢を求めて移住する人も多かった。かくして、稚内の町は鉄道と樺太航路の連絡の拠点というあまりに大きな役割を基礎として、発展を見たのである。

この間には2度にわたって大火に見舞われるなど試練もあったが、樺太へ渡る人が増えるとともに稚内の町も賑わいを増す。駅周辺には多くの旅館が建ち並び、劇場（映画館）やカフェー、バーなども現れた。函館大火で函館を去り、新たな働き場を求めてたどり着いた女性たちも多かったという。

稚内駅も、宗谷本線・天北線の駅の中では穀倉地帯の中心だった士別駅と鉄道収入の1位・2位を争うなど、いまの1面1線、数えるほどしか列車の来ない駅からは想像できないほどの隆盛ぶりだった。

商店街を歩いていて目に付くロシア語

稚内が南樺太連絡の拠点だったのは、終戦までのごく短い期間に過ぎない。それから80年が経ったわけで、当時の隆盛ぶりを今に伝えるものは少ない。駅の近くを歩いてみると、ビジネスホテルが建っている一帯には地元の人が通うような小さなスナックや居酒屋が集まる一角。また、そのすぐ南には歩道部分に屋根が架けられている商店街も南北に延びている。その入口付近、稚内駅の向かいのスーパーマーケットの脇には、二宮金次郎の像。

調べたわけではないので断定はできないが、きっと日本最北端の金次郎だろう。

そんな商店街を歩いていて目に付くのは、ロシア語だ。商店街の店の名前を意味しているのか、売っている商品のジャンルを説明しているのかはよくわからない。ただ、商店街の歩道に架けられた屋根の上には、決まってロシア語が書かれている。ロシア語を目にするのはそればかりではない。フェリー乗り場の案内から道路上の交通案内まで、いたるところにロシア語がある。英語が併記されているのは日本中どこでも同じだが、それに加えて稚内ではロシア語も、というわけだ。南樺太は終戦後にソ連、そしていまはロシアの領土となったわけで、稚内は宗谷海峡を隔ててロシアと国境を接する町なのである。

「カニの値段は、稚内で決まったんですわ」

いまでこそ、ウクライナ侵攻の影響もあってロシア人を稚内の町中で見かけることはほとんどなくなった。ただ、タクシー運転手氏の話によると、以前は1日に1000人ものロシア人が上陸、カニやウニなどの水産物を水揚げして（つまり日本が輸入して）いたとか。「カニの値段は、稚内で決まったんですわ」とは運ちゃんの談。

港にはたくさんの漁船が停泊し、水産加工の工場とおぼしき建物の中では黙々とホタテの殻を剝く人の姿が見え、あちこちで見かけるロシア語の案内。こうしたあたり、実に最果てらしいし、極端な言い方をすれば日本であって日本でないような、そんな錯覚にすら

1面1線、路面電車ばりにシンプルな駅のホーム

町の至る所で目にするロシア語

陥りがちだ。国境の町、という言葉が実にふさわしい。

が、国道40号沿いのロードサイドを見れば、あたりまえのことだが、やっぱりここも歴然としたニッポンであった。ロードサイドのチェーン店ほど、遠くに旅してきた旅人を安心させる風景はないのではないかと思う。

ちなみに、オープン時に話題になった稚内のローソン。その場所は南稚内駅より南側に広がるベッドタウンの中だ。ローソンがついに稚内に！　などとネットで騒がれていたが、もちろん稚内にもコンビニはたくさんあります。そう、みんな大好きセイコーマートがあちこちに。やっぱり最果てであろうとなかろうと、稚内は絶対的にニッポンだし、そしてセイコーマートはスゴいのである。

――青森　〝新〟のつかない「ナゾの県庁所在地の駅」

青森は、徹底的に港町である。江戸時代のはじめ、津軽藩の外港として開かれたことにはじまる、生まれ育ちからして生粋の港町である。青森湾に沿って中心市街地が広がり、西の端には函館と結ぶ青函フェリーのターミナル。青森湾からの北風が吹き付ける、そんな市街地の端っこに、本州最北端のターミナル・青森駅がある。

あろうことか寒いときに来てしまった

真冬に青森駅にやってきた。青森は雪国だから、着いたときには雪の中。雪の中の青森駅は、線路の先に行けばすぐに海に落ちてしまう、そんな海際の場所にある。ホームは終着駅然とした櫛形をしていて、この駅にやってくる列車はすべていったん海に向かって伸びるホームに入る。

青森駅に乗り入れているのは3路線。JR奥羽本線・津軽線と第三セクターの青い森鉄道だ。青い森鉄道はもともとJR東北本線だったから、東北本線・奥羽本線・津軽線の3路線が乗り入れると言い換えてもいいいかもしれない。

海に向かって伸びる長い線路とホームに対して、その長さを存分に生かせる列車はいまはほとんど青森駅にやってこない。昔は特急や急行が間断なく行き来していたターミナルだったが、新幹線時代のいまではほとんどが2～6両程度の各駅停車。だからなのか、ホームの端っこのほうに行くと充分に除雪がされていないような一帯もある。そもそも除雪されているところであってもホームの上には雪が残っていて、あげくに凍っていたりもして、うかつに歩くと滑って転んでしまいそうだ。これが雪国の駅なのである。

青森といえばリンゴだ

いつまでもホームにいても寒くてたまらないので、階段を登って橋上駅舎のコンコースに出る。青森駅はリニューアルしたばかりで、現在は5代目の駅舎だ。２０２１年に使用を開始し、２０２４年には駅ビルも含めて全面オープンした。以前の半世紀以上使われてきた4代目駅舎は実に旅情に溢れたターミナルだったのだが、５代目はまったく装いを改めた現代的な駅ビルだ。駅が装いを新たにし、「津軽海峡・冬景色」の時代の青森駅は過去のものになった、というべきか。

真新しい駅ビルを背負って、東口の駅前広場を少し歩く。

除雪が間に合わないくらいとっても長い駅のホーム

2024年に全面オープンした青森駅の正面には繁華街・新町通

駅前のバス乗り場を取り囲むようにしていくつかのビジネスホテルが建ち、その合間にはリンゴを路上に置いて売っている店もある。そういえば青森といえばリンゴだ。リンゴといえば青森と言い換えてもいい。青森市はリンゴの出荷量で全国3位（弘前市などを含めた青森県全体ではもちろん全国シェアの半分以上を占める1位だ）というから、港町であると同時にリンゴの町なのだ。

リンゴの町・青森の市街地は、駅の東側に向かって広がっている。駅前からまっすぐに伸びている目抜き通りは新町通。歩道に屋根が架かっている商店街であり、途中の路地を入れば飲み屋街があったりするような青森イチの繁華街でもある。駅からちょっと歩いたところにはアウガという大きなビルがあり、中には行政関係の施設が入っている。

青森駅周辺の再開発を掲げて第三セクターとして誕生した施設なのだが、赤字にまみれて潰れてしまい、ヴィレッジヴァンガードをはじめとする店舗はすべて撤退。市役所の出先機関のようないまのスタイルになった。新町通にはけっこうな人通りもあるのだが、それでもこうしたところに北国の現実が顔をのぞかせる。

と、こうして青森駅前を少しうろついてみたが、青森駅の本質はこんなところにはない。青森の繁華街・新町に向いて建つというのは、青森駅の本来の役割とは違うのだ。むしろ、青森駅の本質は駅前広場の北側、「ねぶたの家 ワ・ラッセ」や「A-FACTORY」といった観光客向けの施設が建っているあたりにある。

海の方から吹き付けてくる雪がスゴい……!

ワ・ラッセやA-FACTORYの先はもう海だ。青森駅のホームの端っこの方を跨ぐようにして、青森ベイブリッジという大きな橋も架かっている。その下には青森湾の港が入り込んでいて、つまりは青森駅はもうほんの少し歩くだけで青森湾という、やはり徹底的に港町のターミナルなのだ。

なのでそちらに向かって歩いてみよう。と思ったところで雪が強くなってきて、除雪されているのかいないのかもよくわからないところを歩く。滑って転んだりするようなことはなかったが、とにかく海の方から吹き付けてくる雪がスゴい。こりゃあ、雪国の暮らしは大変だなあと思いながら、別に雪山登山でもないので前に進む。

すると、吹雪の向こうに大きな船が見えてきた。フェリー乗り場はここではない。だからこの船は何かというと、青函連絡船である。もちろんいまは青函連絡船はないので、青函連絡船メモリアルシップ八甲田丸。つまり連絡船で使われていた船をそのまま活かした博物館のようなものだ。

青森は、津軽藩の外港として賑わった江戸時代のはじめに町が興り、江戸時代の終わりごろからは北海道と本州を結ぶ交通の要衝地となった。はじめて青函航路が運航されたのは１８６１年のことで、明治に入って１８７３年には北海道開拓使や民間によって定期航路が開かれた。

その後は三菱や共同運輸も相次いで青函航路に進出し、１９０８年には鉄道と直接連絡する青函連絡船が登場。以降、80年にわたって本州と北海道を結ぶ大動脈としての役割を担った。その本州側のターミナルが、青森だったのだ。

青森駅が海に向かって伸びているというのは、こうした事情による。駅の設置を巡っては、青森の町の人たちの間で駅候補地の買い占めなどがあって、なかなか場所が決まらなかったという。そのあげく、このまま駅の場所が決まらないと鉄道は他の町に行っちゃうよ、などという噂が流れ、結局当時の市街地の西の外れに青森駅が開業した。１８９１年、当時の日本鉄道による終着駅であった。日本鉄道は１９０６年に国有化され、１９０８年からは青函連絡船が運航を開始する。海に落ちる寸前まで伸びている線路は、この青函連絡船の桟橋に直結していた時代の名残なのだ。

港に架かる青森ベイブリッジからは駅のホームが見下ろせる

当時の船を再利用した青函連絡船メモリアルシップ八甲田丸

列車を降りたお客はそのまま跨線橋を渡って栈橋に向かい、連絡船に乗り込んで北海道を目指す。貨物列車は駅構内で入れ替え作業を行って、貨車をそのまま船に積み込んでいた。ワ・ラッセやA-FACTORYのあたりは、かつてそうした設備があった場所である。

青函連絡船現役時代の地図や航空写真などを見ると、船が着岸する岸壁は3つあり、いちばん南の第1岸はA-FACTORYとワ・ラッセに挟まれた入り江のあたり。第2岸はちょうど八甲田丸があるところで、海に突き出た第3岸の岸側は埠頭公園として整備されている。連絡船時代の構造がそのままに、青森駅には残っているというわけだ。

青函連絡船が消えて35年が過ぎた

青函連絡船は、1988年に青函トンネルが開通すると廃止された。それ以降もしばらくは青森駅を終着とする夜行列車が走っていたし、青森駅で青函トンネルを通り抜ける列車に乗り継ぐこともできたから、本州と北海道を結ぶ交通の要衝という役割は続いている。しかし、2010年に東北新幹線が新青森駅まで延伸すると、青函トンネル方面への乗り継ぎという役割は新青森駅に取って代わられ、さらに2016年に北海道新幹線が開通すると青森という町はまるごと通過するだけで北海道に渡ることができるようになってしまった。そうした文脈でみると、北海道への旅の起点となるターミナルとして栄えた青森駅は、長らく担ってきた役割を失ってしまったといっていい。連絡船時代を知る駅舎が真新しい橋上駅舎に変わったのも、そうした時代の移り変わりの中でのできごとなのだ。

雪の吹き付ける八甲田丸を眺め、埠頭の方まで歩こうかとも思ったが雪に不慣れな東京人がこんなところで遭難しては笑い話にもならないので、青森駅に戻った。青森駅から東京に戻るには、いったんJR奥羽本線に乗って新青森駅まで行かねばならぬ。

ホームに待っていた電車に乗ると、ちょうど帰宅ラッシュの時間帯。会社帰りの人たちや学校帰りの学生で車内はだいぶ混雑していた。雪国、青森のターミナル。北海道連絡の要衝という役割は失っても、県都・青森の玄関口としては、いまも大いに存在感を示しているのだ。

――盛　被災終着駅の〝ホーム〟に停車するもの

２０２０年3月、東日本大震災で被害を受けた鉄道路線のすべてで運転が再開された。最後に残ったのは、福島第一原発事故の影響で沿線一帯が帰還困難区域に指定されていた常磐線富岡〜浪江間。２０１９年には旧ＪＲ山田線の釜石〜宮古間が復旧して三陸鉄道に移管、２０２１年の常磐線の全線復旧によって、震災以降寸断されていた東日本の太平洋側の鉄路がいちおうはつながったのである。

今回は、そんな太平洋側の被災路線の終着駅の旅をした。震災にまつわるあれこれの物語はいろいろなところで語られているだろうから、ここではシンプルに〝被災路線の終着駅〟を目指してみようと思う。

路線図を眺めていると、ひとつ気になる駅があった。三陸鉄道リアス線の盛《さかり》駅だ。三陸鉄道リアス線は岩手県大船渡市の盛駅から太平洋沿いを走りながら釜石・宮古を経て岩手県久慈市の久慈駅までを結んでいる、１６３キロの長大ローカル線だ。盛駅はその起点、ということになる。

いったいなぜ、この盛駅が目にとまったのか。ひとつは、盛駅に乗り入れている鉄道路線が三陸鉄道だけであるということだ。震災前まではJR大船渡線がつながっていたが、震災で大船渡線が被災すると鉄道ではなくバス（Bus Rapid Transit：BRT）での復旧となり、盛駅は鉄道駅としては完全に孤立したターミナルになってしまったのだ。

というわけで、盛駅を訪れた。三陸鉄道しか通っていない盛駅に行く方法はおおよそ2つ。素直に釜石駅あたりから三陸鉄道に乗ってやってくるというのがひとつだ。もうひとつはJR大船渡線を転換したBRTに乗って訪れるルート。今回は、せっかくなのでBRTに乗って行くことにした。

被災した路線のうち、BRTに転換した路線は大船渡線ともうひとつJR気仙沼線もある。いずれも全区間がBRTになってしまったわけではなく、海から離れた内陸部を走る区間は今も鉄道だ。なので、途中からBRTに乗り継いで向かうことになる。一ノ関から大船渡線で気仙沼、そこからBRTに乗り継ぐのもいいけれど、これまたどうせならばと、気仙沼線の柳津駅からひたすらBRTに乗って盛駅を目指した。

ひとくちにBRTといっても千差万別なのだが、大船渡線と気仙沼線のBRTに限っていえば、バスのための専用道路を多く走る点が特徴的だ。

この専用道路は、もともと鉄道の線路が敷かれていた場所をそのまま転用したものだ。

なので、渋滞に巻き込まれてめちゃくちゃ遅れたりするような心配がない。加えてよきところで一般道に移って学校や病院、観光施設などを巡ることもできる。つまり、バスと鉄道のいいとこ取りをしているのが、大船渡線と気仙沼線BRTなのだ。

いや、バスと鉄道だったらスピードが違うよね、というツッコミがありそうだが、もともとお客の少ないローカル線は鉄道もさしてスピードを出していない。BRTは信号待ちのいらない専用道路を走るから、実際にそんなに極端に時間がかかっているという印象は抱かない。ただ、乗り心地は完全無欠の路線バスである。

柳津駅から気仙沼線のBRTに乗ると、他にお客は観光客か鉄道ファンかと思しき人が数名いるだけであった。そこからバスはゆったりと南三陸町などを経て走っていく。途中で乗ってくる人が何人かいたが、どうやらほとんどの人が終点の気仙沼駅を目指すようだ。

BRTは〝元ホーム〟に停まった

1時間45分ほどかかって気仙沼駅に着く。そしてここで30分ほど待ったのちに大船渡線を転換したBRTへの乗り換えだ。気仙沼駅には鉄道としての大船渡線も乗り入れていて、駅舎から改札を通った先にBRTの乗り場と列車のホームが並んでいる。震災前までは、このBRTの乗り場も列車のホームだったのだ。

大船渡線のBRTはどちらかというと地元のお客がよく乗っているようだ。途中で通るのは陸前高田。南三陸町もそうだが、震災では津波で大きな被害を受けた町だ。その町の中では、地元の人たちが乗り降りするシーンもあった。鉄道よりは機動性に優れるバスならでは、ということだろう。まさに復興途上といったぐあいの町の中を抜け、大船渡の市街地に入るといよいよ終点・盛駅。バスなのに駅というのはいささか違和感があるが、もともとは列車が走っていたところをバスが走る。やはり、少し不思議でおもしろい。

そんなこんなで柳津駅からすると3時間半を越える長旅はようやく終わり、盛駅に到着した。気仙沼駅でもそうであったように、BRTのバスは駅舎の先の〝元ホーム〟に停まる。ホームから駅舎を抜けて駅前に出るのは鉄道とまったく同じだ。

駅前に出ると、盛駅には2つの駅舎があった。JRの盛駅と三陸鉄道の盛駅だ。改札の先のホームは共有しているので、駅舎だけが別々ということなのだろう。JR盛駅が駅前広場の中心に、三陸鉄道が端っこに。このあたり、天下のJRと三セクの立場の違いなのか。いま、盛駅にやってくる〝鉄道〟は三陸鉄道だけなのに、なんだか不遇の扱いに同情してしまう。

「三陸鉄道ここに始まる」

駅前広場を少し歩く。すると「三陸鉄道ここに始まる」と書かれた碑があった。盛駅は三陸鉄道リアス線の起点だからまさにそのとおりなのだが、もっと深い意味がありそうだ。三陸鉄道は1970年に盛〜綾里間で開通した元国鉄盛線にルーツがある。その盛線をはじまりに少しずつ延伸を重ね、1984年に第三セクター三陸鉄道に転換、盛〜釜石間の南リアス線と宮古〜久慈間の北リアス線が開通する。これによって、三陸地方はすべて鉄道で結ばれることになった。

明治三陸津波以来の悲願と言われた三陸縦貫鉄道、まさしく盛駅に端を発する三陸鉄道の開通によって完成したのである。つまり、盛駅前の小さな碑は、三陸の人たちの宿願が凝縮されたものだといっていい。盛駅に着いてそうそう、なかなか思いのこもったものを見た。

駅の周りをもう少し歩く。駅前広場の先には比較的広い通りが走っていて、その両脇には商店や住宅が連なる。駅前から右に（つまり北側）に行くとサンリアショッピングセンターという商業施設があったり、山側に向かって進めば大船渡市役所もほど近い。路線図を見るとわかるが、大船渡市の中でも比較的内陸に位置する、そんな市街地である。

盛という町は古くからこの一帯の中心だった。近世までは盛街道という盛から内陸の水

駅の「元ホーム」に停車するBRT

駅前ロータリーに面する、2つのコントラストがきいた盛駅

沢までを結ぶ街道も伸びていて、その宿場町として栄えた。さらに近代以降気仙郡の郡役所が設けられたのも盛の町だ。大船渡市といいながらターミナルが盛と名乗るあたりに疑問を覚えたが、むしろ盛がこの町の中心。対して、大船渡は大きな船が着く場所という由来を持つ港町だ。

実際、大船渡線の大船渡駅は盛駅から少し南の海側にあった。明治時代には三陸各地を結ぶ航路・三陸汽船の定期寄港地になっていて、重要港湾としての整備も進んでいった。とにかく、古くからの行政の中心である盛と港町の大船渡がツートップとして、この町は発展してきたのである。

歴史を知ったところで、もう少し盛駅を歩こう。駅から線路をまたいだ東側に向かっては駅舎の横から立派な跨線橋が通じている。その跨線橋を渡ると眼下に盛駅の構造がよく見える。駅舎に面した西側にBRTの専用道路と乗り場（つまりホーム）があって、三陸鉄道のホームは東端。いま、列車がくるのはこの三陸鉄道のホームだけである。ところが、さらにそこから東に向かっても線路がいくつも並んでいるのだ。

それだけなら終着駅らしい車両基地なのかなと思うところだが、それらの線路の上には何やら黒くて無骨な風体をした貨車が並んでいる。何かを積んでいる様子はないが、とにかくたくさんの貨車だ。最初にBRTを降りたときにはすぐに駅舎に入ってしまったので気が付かなかったが、駅舎の裏側にはたくさんの貨車が並ぶ。これが盛駅のもうひとつの姿であった。

貨車群の正体

このたくさんの貨車群、持ち主は三陸鉄道でもJRでもなくて、岩手開発鉄道という貨物専門の鉄道会社のものだ。大船渡の町の山奥にある鉱山から海の近くにある太平洋セメントの工場まで石灰石を運ぶのが岩手開発鉄道の役割だ。ちょうどその途中に盛駅がある。岩手開発鉄道は1950年に盛～日頃市《ひころいち》間で開通したのがはじまりで、1957年に海側の赤崎まで延伸。1960年には日頃市～岩手石橋間も開通している。

基本的には貨物専用だったが、盛～岩手石橋間では旅客営業もしていたという。旅客列車は1992年限りで走らなくなってしまったが、その当時の岩手開発鉄道盛駅のホームが片隅に残っていた。車両1両も停まればいっぱいになりそうな小さなホームに小さな待合所。メインが貨物輸送なのでしょうがないが、三陸鉄道やJR大船渡線との乗り換えはどうしていたのだろうか。件の跨線橋は、岩手開発鉄道のホームとはずいぶん離れたところにあった。

跨線橋を渡った先の東側も、ほとんど住宅が建ち並ぶ市街地が続く。人口約3万2000人という小さな港町・大船渡だが、そこで暮らす多くの人がこの盛駅から海側の大船渡駅付近に住んでいるということなのだろうか。ただ、町を少し歩いてもクルマは通るけれど人通りはほとんどない。盛駅前に戻って三陸鉄道の列車を待っていても、やってくる人も少ない。せいぜい、三陸鉄道に乗りに来たような旅行者ばかりだ。

2011年の東日本大震災では、海側の大船渡駅は津波に呑まれてしまった。内陸の盛駅はそこまでの被害は受けなかったが、それでも駅構内に津波が押し寄せてきたという。

そして震災後に大船渡線から列車は消えた。それでも、三陸鉄道の〝始まり〟の場所としては今も健在だ。三陸鉄道というと、ラグビーの町・釜石や海の幸でおなじみの宮古、そして『あまちゃん』の久慈がよく知られる。だが、三陸鉄道のすべてが始まった盛の町も、忘れてはならない。

BRTのすぐ横の線路に到着する三陸鉄道。傍らには貨車群が

旅客列車は1992年限りで走らなくなった岩手開発鉄道。当時のホームは残っていた

——敦賀　きっぷ1枚でヨーロッパまで行けた時代

２０２４年でいちばんの鉄道ニュースといったら、北陸新幹線の延伸なのではないかと思う。これまで金沢駅が終点だった北陸新幹線は、２０２４年3月に敦賀駅まで延伸した。途中には恐竜でおなじみの福井駅などを通る。そして、敦賀駅は東京駅から見たところの新しい終着駅、ということになる。ならば、どんな駅なのか。

東京駅から敦賀駅までは、ほとんど県庁所在地しか停まらない北陸新幹線の「かがやき」に乗って、3時間と20分くらい。東海道・山陽新幹線に例えれば、岡山駅をちょっと過ぎたくらいのところである。

などと御託を並べつつ、敦賀駅に着いた。終着駅だからといって、駅そのものはどうということのない普通の駅だ。高架の新幹線ホームからエスカレーターでコンコースに降りる。乗り換えるお客が多いことを想定しているのか、コンコースは実に広い。

新幹線改札を抜けると、床を色分けして特急「サンダーバード」「しらさぎ」への乗り換えを案内している。トラメガを手にした警備員さんが、盛んに接続する特急列車の案内を繰り返す。一緒に新幹線を降りたお客のほとんども、特急列車のホームへとあっというまに消えていった。

ただ、こちらは特急には用はなく、目的は敦賀駅そのものだ。だから、ひとまず駅の外に出なければならない。ちょうど新幹線改札のすぐ脇に、駅の外に出られる自動改札がひっそりと。遠慮なく、そこにきっぷを差し込んで外に出た。「やまなみ口」などという名前がつけられているが、わかりやすく言い換えれば東口である。

ずいぶん殺風景な駅前広場

敦賀駅の東口。改札を抜けて階段を降りてやってきたそこには、なんだか殺風景な風景が広がっていた。もちろん、新しい新幹線のターミナルの駅前なのだから、よく整備されていてピカピカである。しかし、人の気配がほとんどない。送迎のクルマやタクシーが並んでいることもなければ、客を待ち受けている飲食店や土産物店があるわけでもない。ただただ無味乾燥、ひとけのない広場といっていい。

広場の向こうには、木ノ芽川という小さな川が流れている。川のさらに向こうには工場が建ち並び、遠くには北陸自動車道、そして滋賀と福井を隔てる山並みが横たわる。工場があるからトラックなどはいくらか走っているものの、新幹線の終着駅の駅前というイメージからはいささかかけ離れている。

タネを明かせば、敦賀駅の東口は敦賀の中心市街地とは反対側の出入口だ。だから、敦賀駅がどんな駅なのかを知りたければ、新幹線からは少し離れた西口に出なければならない。ただし、敦賀駅には東西を連絡する自由通路の類いがあるわけではないので、東口方向からは遠回りをして新幹線の高架をくぐるか、入場券を買って通り抜けるしかない。乗り継ぎのついでに敦賀散策をしようと目論む皆さん、ご注意ください。

駅前の大通りを歩く。30分で海が見えてきた

そんなこんなで、敦賀駅の西口へ。新幹線開業以前、つまり在来線のホームに近い西口は、駅舎の規模こそ小さいけれど、駅前風景は実に立派なターミナルそのものだ。新幹線にあわせて整備されたのだろうか、シックな色合いでまとめられたバスのりばなどがあり、駅舎の脇には「オルパーク」と名付けられた観光拠点のような施設が建つ。広場の傍らには「otta」という土産物店や飲食店が入った施設もある。さらにその周りには、ビジネスホテルが勢揃いして取り囲む。さすが、新幹線のターミナル。いや、少なくともビジネスホテルは新幹線以前からあったものだろうから、敦賀という都市の存在感を示す

ものでもあるのだろう。

敦賀駅前からは、北西に向かって大通りが延びている。歩道部分には屋根がかけられていて、飲食店なども建ち並ぶ駅前商店街だ。「敦賀シンボルロード」などと名付けられているようで、なぜか『銀河鉄道999』のオブジェが展示されている。

この道を少し歩くと、国道8号との交差点で待ち受けているのが「アル・プラザ」。滋賀県民にはおなじみのスーパーチェーン平和堂が運営する商業施設だ。アル・プラザの角を曲がって国道8号を北上すると、こちらも歩道側は商店街。その中を駅からだいたい20分歩くと、大きな鳥居が見えてきた。越前国一宮にして北陸道総鎮守、氣比神宮の大鳥居だ。敦賀という町は、氣比神宮の門前町という側面も持つ。だから、氣比神宮の周囲はまさに中心市街地といった様相だ。

敦賀市の人口は6万人ちょっと。中心市街地といっても福井市や金沢市などのそれとはさすがに規模は違う。が、それでも氣比神宮の南側にはプチ歓楽街もあったりして、大鳥居からまっすぐ西に延びる通りともども、地域の中心らしい雰囲気を漂わせている。

さらに歩みを進めていくと、駅から30分くらいで海が見えてくる。東も西も山に囲まれる敦賀湾。西の端には気比の松原が広がり、その周囲には民宿なども建ち並ぶ。いくらか駅に近い東端には敦賀港。港を取り巻くようにして、赤レンガ倉庫や敦賀鉄道資料館などの観光施設が集まっている。そして、赤レンガ倉庫の裏手にゆくと、いまは使われていない線路が残されていた。

「日本の鉄道最初期」から計画されていた「敦賀」への線路

敦賀駅が開業したのは、1882年。2年後には滋賀県との間の山を貫くトンネルが通り、長浜〜敦賀がつながった。新橋〜横浜間の開業からは10年ほど遅れているが、計画そのものは新橋〜横浜間と同じ時点、1869年に明治政府によって決定されている。東京〜横浜、京都〜神戸と並び、琵琶湖周辺と敦賀を結ぶ鉄道が最初期に計画されたのだ。

これは、敦賀が日本海側の要港のひとつだったから。古くから天然の良港として栄え、日本海側の物資は敦賀から陸路で山を越えて京・大坂まで運ばれていた。江戸時代に西廻り航路が開設されると敦賀経由の陸路は廃れるが、鉄道がいち早くやってきたことで、敦賀は要港としての地位を取り戻すことになる。

開業当時の敦賀駅はいまの場所とは違い、氣比神宮の南西側に位置していたという。さらに、線路は港まで続いていて、金ヶ崎駅（のち敦賀港駅）が設けられていた。敦賀港は

1899年には開港場に指定され、1902年にはロシアのウラジオストクとを結ぶ定期航路が開かれる。赤レンガ倉庫が建てられたのは1905年のこと。輸入された石油の貯蔵庫として建設されたものだ。

20世紀初頭、1枚のきっぷで東京からヨーロッパまで旅ができた

1912年には、「欧亜国際連絡列車」が運行を開始する。東京（新橋）から敦賀へ、敦賀からは船に乗り継ぎウラジオストク。シベリア鉄道で西を目指してヨーロッパまで。間に海を挟むからもちろんひとつの列車に乗りっぱなしというわけでないが、東京からヨーロッパまで1枚のきっぷで旅することができるようになった。その重要な中継点のひとつが、敦賀という町だった。

敦賀を介する欧亜国際連絡列車は、実に多くの人々に使われている。たとえば、日本が初めて参加した1912年のストックホルムオリンピック。選手団は、敦賀から船に乗って遠くスウェーデンまで旅をした。戦時中には杉原千畝が発行した「命のビザ」を手にしたユダヤ難民が上陸したのも敦賀の地。いま、敦賀港の脇には「人道の港 敦賀ムゼウム」という資料館が建っている。

欧亜国際連絡列車は、第二次世界大戦の激化によっていつしか姿を消した。敦賀駅から敦賀港駅までの支線は半ば貨物専用となり、1987年には正式に旅客営業を廃止。2009年限りで貨物列車も消え、2019年に廃線になった。こうして海外に開かれた海陸連絡都市・敦賀が歴史の向こうに消えたところで開業したのが、新幹線の敦賀駅なのだ。

だから、敦賀駅で降りたら、多少時間がかかっても駅から海まで歩きたい。かつてここからシベリア、そしてヨーロッパに向けて旅をした人たちがいた。駅前の大通りに『銀河鉄道999』のオブジェが置かれているのは、敦賀の町にこうした歴史があるから、なのだという。こんな歴史を垣間見れば、敦賀駅での新幹線と特急との乗り継ぎなんて、ちっぽけなものではないか。

いまは敦賀港から海外への国際旅客航路は存在しない。だが、いつかまた、敦賀駅で新幹線を降りて、海を渡って海外へ。そんな旅が実現することがあれば、なかなかロマンチックではないかと思う。いずれにしても、敦賀という新たな新幹線の終着駅は、ただの終着駅ではないのである。

駅から敦賀港までを結んでいた支線も2019年に
廃線になった

駅前商店街の片隅にある『銀河鉄道999』のオブジェ

コラム

「かつての終着駅があった町」には何がある？

福良
鹿屋
那覇

――福良　淡路島を飲み込んだ〝クルマの時代〟

いま、日本国内には約2万8000キロ近い鉄道ネットワークが張り巡らされている。特に大都市圏では日常生活に鉄道が欠かせない存在になっているし、全国津々浦々、どこに行くにもそれなりに近くまでは鉄道が通っている。

ただ、いまでも充分なくらいの鉄道ネットワークも、かつてはいま以上の充実ぶりだった。すでに鉄道が消えて久しい地域にも、ちゃんと鉄道が走っていた時代があった。

瀬戸内海最大の島・淡路島。ここも、いまは鉄道がまったくないけれど、かつては鉄道が通っていた地域のひとつである。

淡路島は〝日本最大の離島〟

淡路島は瀬戸内海の東の端っこにある島だ。北側では明石海峡を挟んで本州の兵庫県明石市と対峙し、南西側では鳴門海峡を挟んで徳島県鳴門市と対峙する。明石・鳴門とはそれぞれ橋で結ばれていて、大阪から淡路島へはクルマに乗って1時間ちょっと。島の人口約13万人は、離島の中では一番多いという。

そんな淡路島、半世紀以上前には鉄道があった。その名も淡路交通鉄道線（以下淡路鉄道）。淡路交通はいまでも淡路島の路線バスなどを営んでいるが、かつては鉄道も走らせていた、というわけだ。淡路交通の鉄道路線は1966年に廃止されている。それから半世紀ほどが経ったが、廃線跡はどうなっているのだろうか。

まずは「かつてのターミナル」にいってみる

淡路島の鉄道は、島の南部を走っていた。そもそも淡路島は大半が山地で、平野部は南部の洲本平野と三原平野くらいしかない。そこに人口の大半が集中している。鉄道が通っていたのはこの平野部だ。

洲本市の中心市街地に置かれた洲本駅をターミナルに西進、島を見事に横断し、鳴門の渦潮観光の拠点にもなっている福良までを結んでいた。人口の多い平野部を横断していたのだから、文字通りの島の大動脈だったのだろう。淡路島の廃線跡を巡るなら、まずはターミナルの洲本に向かわねばなるまい。

洲本は淡路島がまるごと淡路国と呼ばれていた時代から、島の中心だった。市街地南側の山の上には洲本城が築かれ、江戸時代には蜂須賀氏が治める徳島藩の一部に組み込まれている。筆頭家老の稲田氏が洲本城に入り、城下町としての機能も維持されていたという。

それはともかく、淡路島の中心的な位置づけだった洲本の町の真ん中に、淡路鉄道のターミナルはあった。いわた通りと名付けられた大通りを海に向かって進んでゆくと、左手にレンガ造りの立派な建物が見えてくる。いまは洲本市民広場、かつては鐘紡の工場だった一帯だ。洲本駅は、いわた通りを挟んでちょうどその向かいだ。

ここに駅がありました、という記念碑が……と思いきや、そんなものはまったくない。もはや使われてもいないバスターミナルが、お隣の市民広場の賑わいとは対極に、ひっそりと廃墟のごとく佇んでいるばかりだ。

よくよく見てみれば、バスターミナルの一角は鉄道駅があったと思わせるような形をしているのだが、痕跡を明確に留めているものは何もないといっていい。

少し駅（の跡）の周りを歩いてみる。市民広場とは反対の、いわた通りの南側。とりたてて何があるわけでもなく、ところどころに飲食店があるような市街地だ。駅のすぐ脇の路地には小さなアーチ状のゲートがあり、旅館の類いがあるのも見える。鉄道が走っていた時代には、いわゆる駅前旅館だったのだろうか。

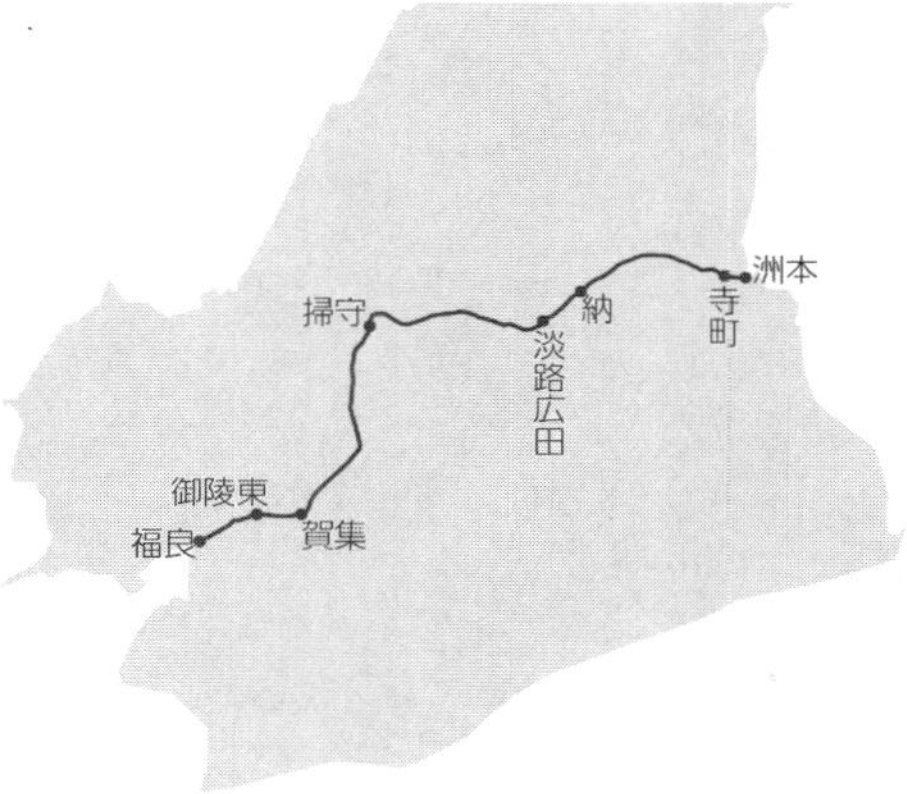

当時の路線図。島の南側を東西に横断していた淡路鉄道

かつての洲本駅。どことなく駅のホームっぽい面影があるような……

市街地を後にしていざ淡路島横断へ

洲本の市街地を後にして、淡路島横断の旅をはじめよう。淡路鉄道は、洲本駅を出るとすぐに寺町というふたつ目の駅を経て洲本川を渡る。川を渡るからには鉄橋があったはずなのだが、痕跡はみごとに残っていない。

洲本川を渡り、いわた通りから見て道なりに西へ進んでゆく。車両基地もあったという宇山駅の跡はこれまた淡路交通のバスの基地に流用されていた。ただ、その目の前を通った限りではいまやバスすらも停まっていないただの空き地になっている。ただ、空き地として残っているだけでもだいぶマシである。そこから先の淡路鉄道の廃線跡、ほとんどが道路や民家に生まれ変わっていて、跡地を正確に辿ることなどほぼ不可能になっていた。

おおざっぱに言えば、淡路鉄道は現在の県道469号線に沿って走っている。淡路二本松駅と納《おさめ》駅の間では神戸淡路鳴門自動車道の洲本ＩＣと交差しているが、高速道路ができた時点ではとっくに鉄道はなくなっていた。

そんな中でもかろうじて残っている廃線跡が、納駅と淡路広田駅の間の築堤や水路を跨ぐ小さな橋だ。轍のように草がはげたところは、もしかするとレールの敷かれていた跡だろうか。いやいや、いくらなんでも50年以上前のそれがそうした形で残っていることなどあろうはずがない。トラクターか何かが通った轍だろう。

とかなんとか、精一杯に想像を膨らませながら廃線跡を辿ってゆく。その跡の道はこれだろう、このあたりに鉄橋があったんだろうなあ、少し道路が広がっているところは駅があった跡かしら。もしかすると、この小学校の中を突っ切っていたのではなかろうか……。

終点の港、現在の姿は……

淡路島の南西側、いわゆる南あわじ市に属する平地部は、その多くが田畑になっている。淡路島の名産は、いうまでもなくタマネギだ。淡路島擁する兵庫県はタマネギの生産量においては、北海道、佐賀に次ぐ全国3位を誇っているのだとか。スーパーに行けば、日本全国どこでも「淡路産」のタマネギが普通に売られているから、産地としての淡路島の知名度は群を抜く。

そうした田畑の間を抜けて、終点の福良の手前に控える山越えの直前。これまた田畑の間、国道28号と県道31号線の交差点付近には、御陵東という駅があった。御陵とは、すなわち天皇陵のことをいう。淡路島には、奈良時代の淳仁天皇の陵がある。天武天皇の孫として生まれ、孝謙天皇の跡を継いで第47代天皇として践祚《せんそ》。しかし、時の実力者・恵美押勝が孝謙上皇に対して反乱を起こして討たれると、後ろ盾を失って淡路に流されてそこで没した。いっときは歴代の天皇のひとりにすら数えられなかった不遇の淳仁天皇だ。そのお墓のすぐ脇を、淡路鉄道が通っていた。

不遇の天皇陵から軽く山をひと越えし、港に近い福良駅が淡路鉄道の終点だ。こちらも起点のターミナル・洲本駅と同じく、淡路交通のバスターミナルになっている。充分広いバスターミナルだが、バスがひっきりなしに出入りしているようなことはなく、なんとなくうらぶれた感が否めない。バスですらそうなのだから、鉄道も末期にはなかなかお客に恵まれなかったに違いない。

急坂はお客が列車を押していた牧歌的路線

結局、50年以上前に姿を消した淡路鉄道の廃線跡は、道路や民家に姿を変えて、ほとんど明確に確認できるところはなかった。90年代にはまだまだはっきりと残っているところも多かったようだ。が、それからみても30年以上。時の流れは残酷なのである。かくのごとく、すっかり歴史の向こうに消え去ってしまった淡路鉄道は、いったいどんな路線だったのだろうか。

半世紀以上の時間が流れ、かろうじて往時の気配が残る廃線跡

タマネギの匂いがしそうな風景の合間には天皇陵も

瀬戸内海最大の島だけあって、鉄道建設の計画は早かった。最初は日清戦争後の1896年で、洲本を拠点に鉄道を建設するというものだった。だが、由良と福良に軍事施設を建設する構想があり、加えて経営面が不安視されて当局の許可が下りずに立ち消えになっている。その後も日露戦争後に洲本〜福良間で許可を得るなど、鉄道建設に向けた動きは間断なく続く。なかなか日の目を見なかったが、大正時代に入ってついに形になった。1914年に設立した、淡路鉄道である。

淡路鉄道は、会社設立以前の1912年に洲本〜福良間の免許を取得。資金難で工事中断もあったが、1922年に洲本口（のちの宇山駅）〜市村間で営業を開始した。全線が開業したのは1925年のことである。

当時の淡路鉄道、実態としては田舎町を走る牧歌的な鉄道路線だったようだ。地元の学生が駅に駆けつけて列車に乗ろうとしたが、ちょうど出発したばかり。待ってくれと大声で叫ぶと、ほどなく列車が停まって乗せてくれた……などというエピソードも伝わる。

最初は蒸気機関車、ガソリンカーの導入を挟んで電車が走り出したのは戦後の1948年からだ。蒸気機関車時代には、中間あたりの急坂で登り切れずに停まってバックしてしまうようなことも少なからずあったという。この坂を乗り切るために、乗り合わせたお客が列車を押したりもしたのだとか。お客の中心は学生さん。誰が決めたのか、前の車両は男子生徒、後ろの車両は女子生徒と分かれて乗るのがルールになっていた。

「クルマの時代」到来

戦争が終わって復興が一段落すると、クルマの時代がやってくる。するとお客はみるみる減ってゆく。会社としても路線バスに力を注ぐ方針になり、赤字が拡大するばかりの鉄道はお荷物になってしまった。そうして1時間に1本程度の運転本数に減ったまま、1966年で廃止されてしまったのである。

それからいまに至るまで、淡路島に鉄道はない。計画としては、新幹線を兵庫から徳島まで通すという壮大なものがあって、現に大鳴門橋は鉄道が通れる構造になっている。四国新幹線を熱望する声もなくはないが、実現の可能性はほとんどないといっていい。淡路島にとって最初で最後の鉄道が廃止され、それから半世紀以上、なのである。

——鹿屋　鉄道で行くことができない最大の町の〝線路ありし日〟

西郷どんとさつま揚げ、そして桜島でおなじみの鹿児島県。そのターミナルは、鹿児島中央駅だ。九州新幹線の終点で、立派な駅ビルには観覧車まで回っている。駅の周りは、まったく活気に満ちた、鹿児島市の中心市街地である。

そんな鹿児島中央駅と鹿児島市があるのは、鹿児島県の西側の半島、薩摩半島だ。間に鹿児島湾と桜島を挟んだ東側は、大隅半島である。そして鹿児島県、薩摩半島には新幹線まで通っているのに、大隅半島にはロクに鉄道が通っていない。根元を抜ける日豊本線と、海沿いをちょろっと走っている日南線くらいなものだ。どちらも事実上、大隅半島の鉄道路線とは言い難い。

ところが、そんな大隅半島にも、大きな都市がある。鹿屋《かのや》市だ。

鹿屋市の人口は10万人弱。もとより大半が鉄道空白地帯の沖縄県をのぞけば、鉄道を持たない最大の都市が、鹿屋市なのだ。

しかし、そんな鹿屋にもかつては鉄道が通っていた。国鉄大隅線というローカル線が通り、町の中心近くに鹿屋駅というターミナルがあった。

国鉄大隅線は、日豊本線の国分駅から分かれて大隅半島の鹿児島湾沿いを走り、垂水《たるみず》などを経て大隅高須駅から内陸へ入って半島を横断。その途中に鹿屋駅があり、最後は日南線の志布志《しぶし》駅で終わる路線だった。最初は南隅《なんぐう》軽便鉄道（のち大隅鉄道に改称）が1915〜1923年にかけて古江〜鹿屋〜串良《くしら》間を開業させ、国有化されて1936年に志布志まで延伸。戦後の1972年に国分〜海潟《かいがた》間が開業して、全線が完成している。

大隅線が廃止されたのは、1987年のことだ。それ以来、大隅半島の鉄道は姿を消したまま。いま、鹿屋の町に向かおうとするならば、マイカーを使うか延々と路線バスに揺られるか。今回は、路線バスに乗ってかつての大隅半島のターミナルにやってきた。

宮崎から電車とバスで4時間……ようやく鹿屋の中心に

そうしたわけで、宮崎から実に4時間ほどかけて、ようやく鹿屋にやってきた。降りたバス停は、そのままのお名前の「鹿屋」という。何やら立派な大通りが交わる交差点に位置していて、バス停の脇には「リナシティかのや」という大きな施設が建っている。商業施設のようでいてそうでもなく、あれこれ入っている市民交流施設のようだ。

鹿屋バス停とリナシティかのやがある交差点は、国道269号と国道504号が交わる交通の要衝だ。東西南北で表すならば、交差点の北東側にリナシティ、南西側にはハローワーク。リナシティの脇には駐車場があって、西側には小さな商店街がある。九州に来たことを実感させてくれるファミレス、ジョイフルの看板も見える。人通りが多いというわけではないが、まったくないわけでもない。国道の交わる交差点だからクルマ通りは文句なし。このあたりは鹿屋の中心市街地の一角ということで問題ないのであろう。

「北田町」と名付けられたこの交差点から東側を見る。リナシティのすぐ東には肝属川《きもつきがわ》が流れ、その先には国道沿いにいくらか規模の大きそうな商店街が見える。

川を渡ってすぐのところに鹿児島銀行鹿屋支店。国道269号を歩き、商店街の中をゆく。人口10万都市の中心市街地の商店街だから、さぞや賑やか……なわけはなかった。国道沿いの商店はほとんどが店を閉じていて、半ば廃墟のようになっている一角もあった。中には営業している店もあるが、満足するほどお客が来ているような様子はない。

しばらく国道沿いを歩いてゆくと、遠矢百貨店という比較的大きなビルが見えてきた。いまも営業しているが、一般的な〝百貨店〟のイメージとはやや違う、何でも売っている雑居ビルのようなものだ。

ひとり1台のクルマ社会になった地方都市では、おしなべて中心市街地が空洞化。クル

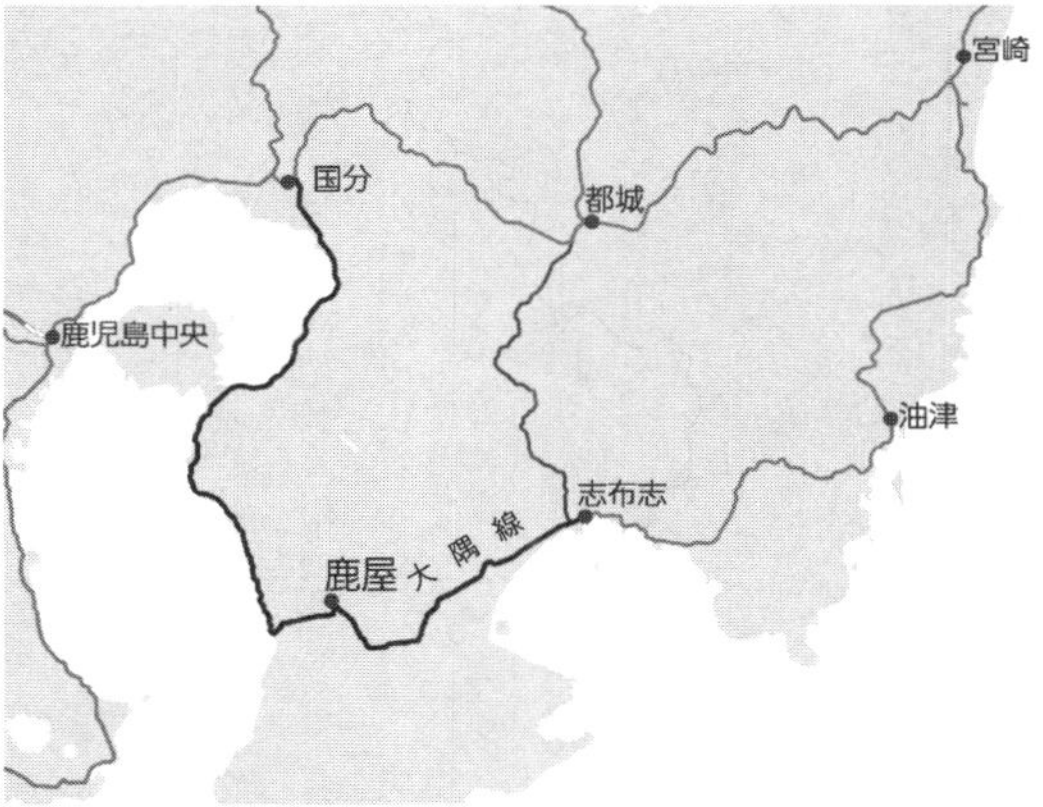

大隅線があった頃の路線図。1987 年以降、鹿屋に鉄道は走っていない

看板や壁面からも年季が伝わってくる遠矢百貨店

マでのアクセスに便利なロードサイド店舗や郊外の大型商業施設が栄えることになる。鹿屋の場合も、例に漏れずというわけだ(といっても、大隅半島最大の売り場面積を誇ったプラッセだいわ鹿屋店は2022年秋に閉店してしまった)。

中心市街地の空洞化という現象は、鹿屋の町歩きのスタート地点になった北田町交差点でも起きていた。というのも、かつて北田町交差点の角には桜デパートという百貨店があったのだ。

桜デパートは大隅半島で唯一の本格的な百貨店で、リナシティの真向かいにあった本店店舗は地上7階建て、デパ地下まで設えた立派なものだった。1945年に創業し、1960年に鹿屋本店がオープン。以来、鹿屋の人々は何かがあれば桜デパートに、と買物に来たという。

が、マイカー利用に便利なロードサイド店舗が増えてゆくにつれ、中心市街地の古いデパートは時代にそぐわなくなっていく。これまた全国の地方都市と同じ運命、経営難に苦しんだ末に1994年に店を閉じ、2005年に取り壊されて駐車場に生まれ変わった。桜デパートの取り壊しは、中心市街地活性化のための再開発に基づくものだった。

いずれにしても、国道沿いの商店街も北田町交差点も、中心市街地が賑わっていた時代の面影をわずかに残しつつ、正直にいえば寂れた雰囲気が濃厚に漂う。鉄道がない町とは、こういうことなのか……。

路地裏に入るとすごすぎる数のスナックが！

そう思いつつ、国道沿いの商店街から一本路地に入って裏道に出る。すると、そこにはおびただしいほどのスナックが建ち並んでいた。1軒や2軒ではなく、10軒20軒どころではなく、もっともっとたくさんのスナックが細い道筋にギッシリと。スナック長屋のようになっているところもあれば、雑居ビルまるごとスナックになっているところもある。さらに一本裏に入って川沿いに出ても、こちらもスナックばかりの歓楽街。

南九州では、酒を飲むといったら居酒屋ではなく1軒目からスナックという文化が定着しているという。それに鹿屋は観光都市という面はあまりないから、地元の名物を食わせる観光客向けの居酒屋も必要ない。

だからなのか、鹿屋の中心市街地の商店街の裏は、とてつもないスナック街になっているのだ。訪れたのは昼下がりだから営業している店はほとんどない。これが夜になれば、ネオンが煌めく街になるのだろうか。

鹿屋は、いわずとしれた基地の町だ。1936年に帝国海軍鹿屋航空隊が設置され、戦争末期には特攻の基地にもなった。鹿屋の飛行場から南方へ、若者たちが死を覚悟して飛び立っていったのだ。

その基地は海上自衛隊鹿屋航空基地となっていまに続く。置かれている第一航空隊は海自で最初の航空部隊で、南西諸島哨戒の任務に当たる。また、離島の緊急患者輸送も鹿屋基地の大事なお仕事のひとつだ。さらに、鹿屋には、規模こそ小さいものの、唯一の国立体育大として知られる鹿屋体育大学もある。自衛隊や大学の存在が、10万都市という規模の背景になっているのだ。

かつての鹿屋駅跡地には何がある?

結局大隅線はクルマ社会にはあらがえず、お客があまりに少ないという理由で1987年に廃止されている。商店街やスナック街のある国道沿いの中心市街地から肝属川を渡った西側をしばらくまっすぐ南に歩いてゆくと鹿屋市役所が見えてくる。ここがかつての鹿屋駅の跡地だ。

つまり市役所の前はかつての〝鹿屋駅前〟。その面影はほとんど残っていない。近くに

一本路地裏に入るとスナック天国状態。「南九州」の片鱗を見た気分に

かつての鹿屋駅跡に立つ鹿屋市役所。脇の三角屋根の小さな建物が鹿屋市鉄道記念館

かのやグランドホテルという立派なホテルがあるが、それは古の駅前旅館に発するものなのだろうか。

そんな旧鹿屋駅、鹿屋市役所の脇には、鹿屋市鉄道記念館が建っている。かつて、鹿屋に鉄道があった時代の面影を偲べる、数少ない施設だ。ただ、いかんせん中心市街地と鹿屋駅、遠いのだ。歩けなくもないが、20分から30分。最初はもっと中心市街地に近い場所に駅があったようで、市街地もそれにくっついて発展したのだろう。が、駅が移転していまの市役所の場所に移ってからは、〝市街地から遠い駅〟になってしまった。それもまた、鹿屋が鉄道を失う遠因になったのかもしれない。

中心市街地は寂れつつ、その中にもスナック街という南九州らしい雰囲気を残し、鉄道の駅（跡）はちょっと外れた場所にひっそり……。

これって、別に鹿屋に限ったことではない。鉄道があろうとなかろうと、地方都市のありさまはどこもたいして変わらない。さみしいけれど、現代日本の地方都市のゆく道に、鉄道はあまり関係ないのかもしれない。

——那覇　〝鉄道のない県〟前夜に何がある？

日本で最も南を走っている鉄道は、沖縄本島のモノレール「ゆいレール」だ。ゆいレールに関するあれこれは、そのまま〝日本最南端〟という但し書きが付くことになる。最南端の終着駅は那覇空港駅。最南端の駅はそのお隣の赤嶺駅だ。那覇空港と対になる、もうひとつの終着駅はてだこ浦西駅。２００３年の開業以来、長らく首里城の傍らの首里駅が終着だったが、２０１９年にてだこ浦西駅まで延伸した。

那覇空港〜てだこ浦西間は17・0キロ。那覇空港を出てからは、沖縄セルラースタジアム那覇の脇を通って漫湖を渡り、国際通りなど那覇市の中心部近くを縦断。副都心のおもろまちや２０００円札の首里城を見て、その後は北に走って終点のてだこ浦西駅に着く。那覇空港駅からてだこ浦西駅まで、約40分の旅である。

南国〝最果ての終着駅〟を目指す

最南端の終着駅・那覇空港駅に何があるのか……などという問いは、あまり意味がない。だって、そのすべてを駅の名前が表しているからだ。では、てだこ浦西駅はどうだろう。

てだこ浦西駅があるのは、沖縄県浦添市。駅のすぐ東側には沖縄自動車道が通り、駅前広場は広大な駐車場になっている。以前訪れたときには、駐車場以外には取り立てて何があるわけでもなく、工事中と思しき空き地ばかりの光景が広がっていた。

町というべき町は、駅の南側の住宅地、また沖縄自動車道の東側の西原町の市街地くらい。駅前広場の空き地の遠く向こうにも、ニュータウンが見えた。駅前の駐車場は、パークアンドライド、つまりここまでクルマでやってきてモノレールに乗り換えるお客を当て込んでのものだろう。

そんなてだこ浦西駅が、すっかり見違えていた。何が変わったかというと、駅前に巨大な商業施設が現れたのだ。２０２４年９月にオープンした、イオンスタイルてだこ浦西。その奥にはヤマダデンキもある。モールほどの規模ではないけれど、新生間もない終着駅が新たな町の核になろうとしている現実が反映されている。

沖縄の〝鉄道のない県〟前夜

ゆいレールがてだこ浦西駅に到着するその直前。車窓の左手に、浦添城跡が見える。ゆいレールはかなり高いところを通っているのだが、その車窓からも見上げるような丘の上、というか山の上。特にゆいレールに近い一角は、またの名を「前田高地」という。1945年の4月から5月にかけて、沖縄戦でも有数の激戦となった前田の戦いの舞台である。さすがに趣旨から離れすぎるので詳細は割愛するけれど、前田の戦いに限らず沖縄はあらゆる場所と人が戦火にさらされた。それまでの人々の家も暮らしも、根こそぎ奪われた。そうして姿を消してしまったもののひとつに、鉄道もあった。

いまでこそ、沖縄を走っている鉄道はゆいレールだけだ。2003年にゆいレールが開業する以前は長らくまったく鉄道に類するものを有していなかった。47都道府県で唯一の〝鉄道のない県〟。そうした地位が定着していた。

しかし、戦前の沖縄には、いくつかの鉄道が通っていたのだ。代表的なものが、沖縄県営鉄道、通称〝ケービン〟である。

沖縄県営鉄道は1914年に開業した路線で、那覇を起点に与那原《よなばる》線・糸満線・嘉手納線の3路線を有していた。〝ケービン〟と呼ばれるいわれは、軽便鉄道であったことから。一般的なレール幅1067ミリに対し、762ミリというだいぶ狭いレール幅を採用していた。つまり、誰もがイメージする鉄道からすると7割くらい小ぶりな鉄道というわけだ。

沖縄に、かつて走っていた〝ケービン〟。その痕跡は、どれだけ残っているのだろうか。

戦火に消えたケービンの跡

ケービンのターミナルは、那覇駅だった。

那覇駅は、国場川のほとり、今でいうとゆいレールの旭橋駅付近にあった。実際にその場所に足を運ぶと、ゆいレールの高架下に古びた転車台の跡が展示保存されていた。転車台は蒸気機関車の方向を転換させるための設備。明らかに規模は小さく直径は約6・8メートルほどしかない。ケービンがいかに小さな列車であったのかを物語る。

この転車台の遺構は、再開発の工事中に発掘されたのだという。他に駅舎の痕跡のようなものはまったくなく、町そのものがケービン現役時代、つまり戦前とは大きく姿を変えてしまっている。

この那覇駅から伸びていたのが3路線。与那原線は沖縄本島南部を東西に横断し、東部の港町・与那原までを結んでいた。廃線跡がそのまま遊歩道やなにかで残っているようなことはない。明確に残っているところは、那覇駅跡からも近い壺川東公園の中に展示されているケービンのレール。あとは終点の与那原駅の駅舎くらいだ。

与那原駅は、ケービンでは唯一だったというコンクリート造りの駅舎が往時のままに復元され、ケービンに関する資料が展示される資料館になっている。戦争で灰燼に帰した与

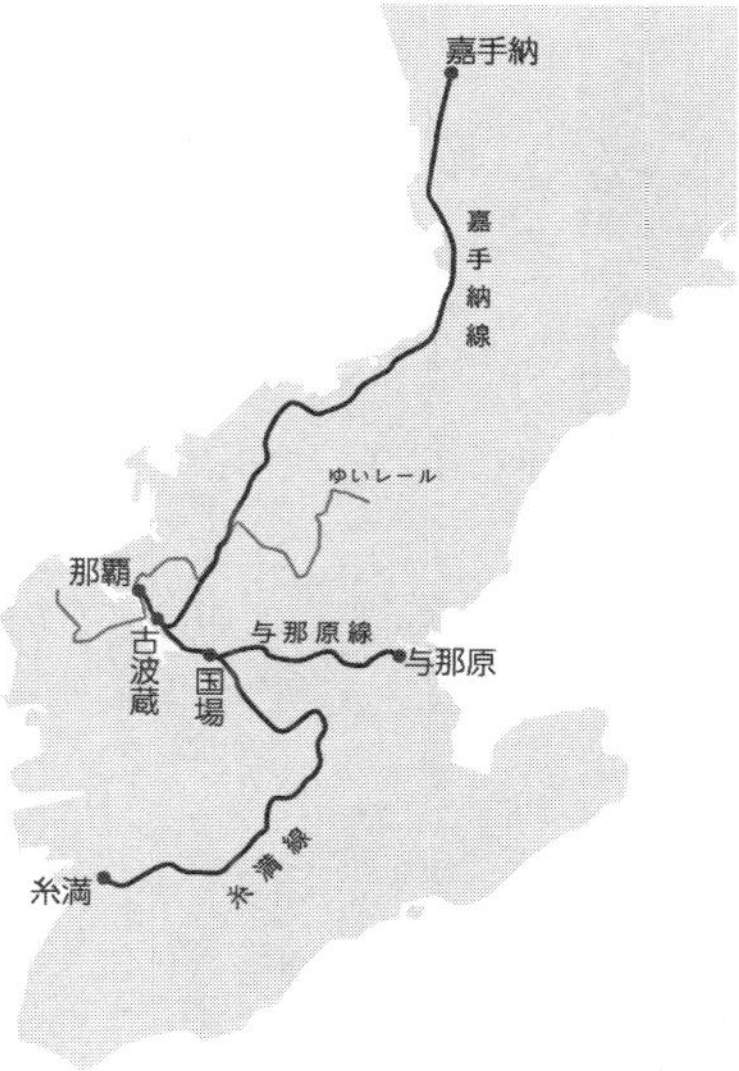

当時は那覇駅から各地に延びていたケービン

現在の旭橋駅付近、那覇駅跡には転車台が残る

那原駅も、わずかに9本の柱や骨組みなどが残され、それを補修して役場や消防署、JAの建物として使っていたという。それを駅舎として復元し、資料館になったのは2014年のこと。2017年には国の登録記念物に登録されている。

なかなか経営状況の優れなかったケービンの中で、与那原線だけはお客が多かったという。というのも、もともと与那原は離島や国頭地方の薪や炭などの物資が水揚げされる要港で、那覇と与那原の間にはケービン開通前から盛んに荷馬車が行き交っていた。そういった事情もあって、人はもとより物資輸送で与那原線は賑わったのであろう。

嘉手納線は那覇駅のすぐ隣、古波蔵《こはぐら》駅から北に向かって走る。今ではひめゆり通りと呼ばれる通りは、かつて嘉手納線が通っていたところだ。その先はパイプライン通りと呼ばれる道に沿って北を目指す。道路工事に際して発掘されたというレールが、その道の脇にちんまりと展示されていた。

さらに要港の牧港などを経て、米軍の普天間基地や嘉手納基地の脇を抜け、廃線跡は終点の嘉手納駅へ。その場所は、嘉手納基地のすぐ脇の、沖縄防衛局の目の前にあった。「嘉手納駅跡」と書かれた立派な石碑も置かれている。……が、これといった痕跡はほかになく、せいぜい周辺の市街地はかつての駅前の市街地だったのだろうかと想像するのが精一杯である。

最後に糸満線も追ってみよう。糸満線は、国場《こくば》駅から与那原線と分かれて南東へ、糸満駅を目指した路線だ。こちらもほとんど痕跡は残っていない。わずかに畑の中に橋台の残骸があって、私有地の中なので近づいて見ることはできなかったものの、何でも弾痕なども見られるという。

戦争で大きく揺れ動く小さな列車

沖縄県営鉄道が開業したのは大正時代のはじめ。そのとき、那覇の市街にはすでに路面電車が走っており、本土からはだいぶ遅れたけれど、いよいよ沖縄にも本格的な鉄道時代がやってきた……といったところか。

しかし、大正時代の終わりごろからクルマ社会が沖縄にも普及する。バス路線の整備もはじまり、開業間もないケービンは、さっそく厳しい経営環境にさらされてしまう。状況が好転したのは、皮肉にも戦争のおかげであった。ガソリン統制によって路線バスが運行台数を減らさざるを得なくなり、結果として蒸気機関車で走るケービンのお客を大きく増やしたのだ。

さらに太平洋戦争開戦と前後して、ケービンは軍事輸送も担うことになる。日米開戦を控え、1941年7月には沖縄への兵員増員を実施、その輸送をケービンが行っている。その後、戦局が悪化して沖縄の軍事的な重要性が高まると、ケービンも軍事路線としての性質を強めてゆく。

1944年7月11日には、総員約1万3000名の兵員をケービンで輸送する特別輸送作戦が実施された。その前日、7月10日がケービンにとって最後の通常ダイヤでの運行だったという。それからのケービンはすっかり軍事優先の鉄路に変わってしまった。

同年10月10日には空襲によって那覇駅が大破。それでも1か月後に運転を再開し、引き続き軍事輸送に従事し続けた。年の瀬の12月11日には、運んでいた武器弾薬が爆発し、兵員210名の他に職員3名、女学生8名が犠牲になる痛ましい事故も起きている。

そして年が明け、1945年。時代が沖縄戦へと突き進む中、ケービンにも最後の日が迫ってきた。嘉手納線は3月23日ごろ、与那原線と糸満線は3月28日ごろが最後の運行だったという。そして4月1日、米軍が上陸。本格的な沖縄戦がはじまった。

結局、ケービンは沖縄戦によってほとんど完全に破壊されてしまった。

そして戦後、沖縄はそのまま米軍の統治下に入る。米軍はケービンを復活させることとな

コンクリート造りの駅舎が復元されている与那原駅跡

壺川東公園に残る遺構。ひときわコンパクトにみえる

どつゆほども考えず、物資の輸送にはトラックを使っていた。道路事情の悪さから、東京のGHQからケービン復旧の提案がされたこともあったようだが、実現していない。長距離輸送ならともかく、比較的短い距離の輸送に留まっていたケービンを復旧させても意味がないというのは、いかにもアメリカらしい発想である。

自動車社会・沖縄でつながるレール

戦地になった沖縄の戦後復興は、鉄道ではなく自動車輸送がすべてであった。結果として、それがのちに深刻な道路渋滞を引き起こし、社会問題化する事態につながってしまうのだが、すべてを見通せというのもムリなお話だろう。

沖縄では1970年代から鉄軌道計画が持ち上がり、ゆいレールとして日の目を見た。沖縄にとって、58年ぶりの鉄道であった。

こういった歴史を振り返れば、ゆいレールは単なる〝沖縄唯一の鉄道〟ではない。半世紀以上の空白を埋めて、確かにケービンと同じ歴史の軸でつながっているのである。

戦後の沖縄は極端なまでにモータリゼーションが進んだ

21世紀に開業したゆいレール。2019年以降にも延伸の構想がもちあがっている

おわりに

本書を読んで頂いた読者の皆さま。さまざまなご意見があることと思う。

この駅はこんなんじゃない、本当は……などという異論ももちろんあるに違いない。また、なんであの駅が入っていないのか、とか、ウチの最寄りをナゾ扱いするなとか、まあいろいろと。そうした批判やご意見は、甘んじて受け入れる所存だ。

ただ、だいたい駅を降りて町を歩いてそこでどう感じるかは、人それぞれだ。それに、駅を歩いている中で地元の商店のいくつかに飛び込んで話を聞くこともあるが、人によってまったく違った町の特徴を教えてくれることがある。間を置いて久しぶりに訪れると、以前とはぜんぜん違う印象を抱くことも少なくない。

だから、駅と町の個性なんて、簡単に語り尽くせるようなものではないのだろう。きっと、何度訪れても何度でも、まったく新しいものを書くことができるだろう。

などと言い訳をさせてもらったところで、本書で取りあげた駅は全国に9000以上もある駅の中のほんのほんのごく一部。終着駅という括りにしても、まだまだ同様の駅はある。首都圏だって、南栗橋駅や中央林間駅といった、定番の〝ナゾの終着駅〟は本書で取りあげることができなかった。そのあたりの悔恨は、ページ数に限りがある以上はどうしたって避けられないのだから、抱えながら生きていくほかはない。

ただ、本書に登場した駅でおおよそ共通しているのは、世界に名を轟《とどろ》かせる観光都市のターミナルはほとんどない、ということだ。

終着駅でもなければあまり存在を知られることもないような、何の変哲もない駅ばかり。それでも、行ってみればいくらかは感情が揺さぶられるし、知的好奇心もくすぐられる。すべての駅は、そういう魅力を持っているのだ。

日本全国約9000の鉄道駅。そのすべてを降りたという人も、世の中には何人もいるだろう。ただ、そのすべての駅で乗り降りするだけでなく、せめて1時間は町中を歩いたという人は、ほとんどいないに違いない。それを目指すつもりはさらさらないけれど、まあ9000以上も駅があるのだから、楽しみが尽きることはないだろう。

さて、明日はどの駅を歩こうか。それを考えるだけで、夜が更けてゆく。

鼠入昌史（そいり　まさし）
1981年東京都生まれ。文春オンラインの「ナゾの駅」シリーズはじめ、週刊誌・月刊誌・ニュースサイトなどに様々なジャンルの記事を書きつつ、鉄道関係の取材・執筆も行っている。阪神タイガースファンだが好きな私鉄は西武鉄道。著書に『トイレと鉄道』（交通新聞社）、『それからどうなった？——あのころ輝いた場所の「今」を歩く』（理工図書）、『鉄道の歴史を変えた街45』（イカロス出版）など。

初出・文春オンライン2017年〜2024年。新書化にあたり再取材、大幅に加筆。写真は取材時（撮影・鼠入昌史、文藝春秋）。

カバーデザイン・番洋樹

文春新書

1488

ナゾの終着駅《しゅうちゃくえき》

2025年3月20日　第1刷発行

著　者　鼠入昌史
発行者　大松芳男
発行所　株式会社 文藝春秋

〒102-8008　東京都千代田区紀尾井町3-23
電話（03）3265-1211（代表）

印刷所　大日本印刷
製本所　大口製本

定価はカバーに表示してあります。
万一、落丁・乱丁の場合は小社製作部宛お送り下さい。
送料小社負担でお取替え致します。

©Masashi Soiri 2025　Printed in Japan
ISBN978-4-16-661488-2

本書の無断複写は著作権法上での例外を除き禁じられています。
また、私的使用以外のいかなる電子的複製行為も一切認められておりません。